Cynnwys

KW-003-406

Gofal! Mae trydan yn gallu bod yn beryglus iawn.
Ar gyfer pob gweithgaredd yn y llyfr hwn, batrïau yw'r ffynhonnell bŵer.
Peidiwch **byth** ag arbrofi â'r prif gyflenwad trydan nac â'r plygiau a socedi gartref.

Mae'r geiriau mewn print **trwm** yn cael eu hegluro yn yr eirfa.

Bod yn Wyddonydd

Mae **gwyddonwyr** yn astudio'r byd o'n cwmpas a sut mae'n gweithio. Maen nhw'n gofyn cwestiynau ac yna'n ceisio eu hateb. Yn aml maen nhw'n dechrau â **damcaniaeth**, ac wedyn yn ceisio ei phrofi trwy wneud **arbrofion**. Maen nhw'n **arsylwi** ac yn **cofnodi** eu canlyniadau.

Mae **ymchwilio** i drydan yn rhan o wyddoniaeth **ffisegol**. Wrth astudio sut mae grymoedd natur yn gweithio, mae ffisegwyr wedi darganfod sut i wneud **trydan dŵr** a phŵer **atomig**.

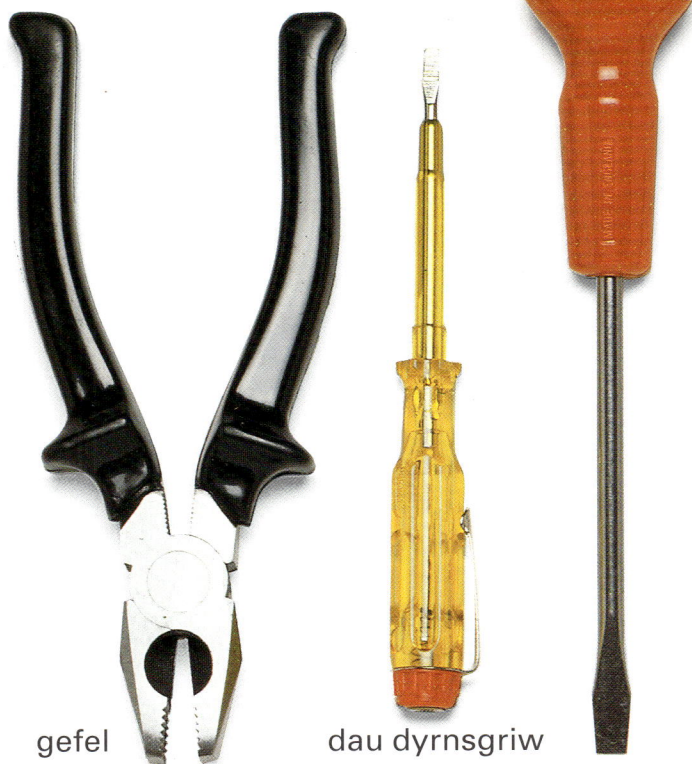

gefel   dau dyrnsgriw

MAE'N GWEITHIO!

Llyfr am drydan yw hwn. Wrth ichi wneud y gweithgareddau, byddwch yn ymchwilio i wyddoniaeth ffisegol drosoch eich hun. Mae'n bwysig gweithio'n wyddonol. Tynnwch luniau manwl-gywir, neu ffotograffau. Ysgrifennwch ddisgrifiad clir o bopeth a wnewch ac a welwch.

peg a ffoil i ddal bwlb

bwlb LED

bylbiau bach

clipiau crocodeil

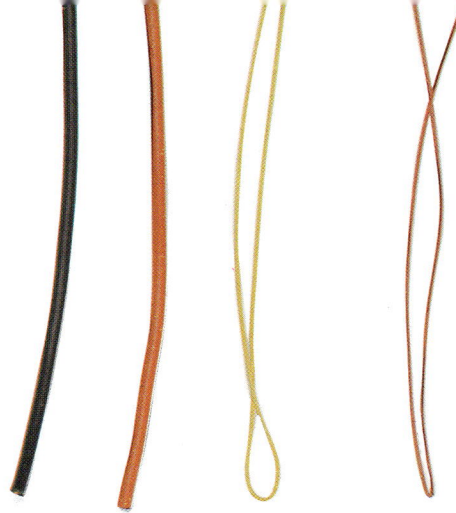

dalwyr bylbiau

clipiau crocodeil

gwifrau cysylltu

ffasnyddion papur

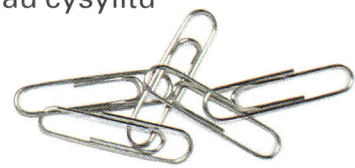

clipiau papur

Bydd arnoch angen

Llyfr nodiadau, pin ysgrifennu a phensil, tâp, pren mesur, siswrn ac onglydd. Gallwch brynu offer pwrpasol mewn unrhyw siop nwyddau trydan neu hobïau.

Torrwr gwifrau a **gefel** Torrwr gwifrau go iawn yw'r gorau. Gallwch ddefnyddio hen siswrn, ond bydd y gwifrau'n gwneud drwg i'w ymylon miniog.

Tyrnsgriwiau Bydd arnoch angen tyrnsgriw bach trydanwr ac un mwy ar gyfer sgriwio darnau o bren at ei gilydd.

moduron trydan

Bylbiau mewn dalwyr Defnyddiwch fylbiau 6 folt a dalwyr addas. Mae darn bach o ffoil mewn peg yn gwneud daliwr bwlb digon da.

Gwifrau Defnyddiwch wifren un craidd, mewn gorchudd plastig.

Clipiau Prynwch glipiau crocodeil i gysylltu gwifrau â'i gilydd neu â batri. Byddai clipiau papur neu ffasnyddion papur yn gwneud y tro hefyd.

Moduron bach trydan Mae pob math o'r rhain ar gael mewn siopau hobïau. Defnyddiwch foduron 3 folt neu 6 folt.

Suyddion a magnetau Mae'r rhain i'w cael mewn siopau modelau a siopau crefftau'r cartref.

Batrïau Mae'r rhan fwyaf o'r gweithgareddau yn y llyfr hwn yn defnyddio batrïau syml 6 folt neu 4.5 folt.

Gofal! Peidiwch byth â chyffwrdd â batri car a pheidiwch byth â phlygio unrhyw beth yn y socedi trydan gartref. Mae trydan y prif gyflenwad a batrïau mawr yn beryglus iawn!

daliwr batri

batri gwastad 4.5 folt

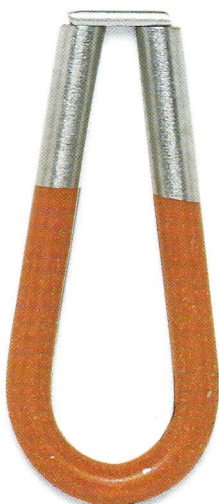

magnet pedol

Wrth gribo gwallt, ydych chi wedi sylwi ei fod weithiau'n cael ei dynnu at y crib? **Trydan statig** sy'n achosi hyn.

Mae pob peth wedi ei wneud o ronynnau bach iawn sy'n cael eu galw'n **atomau**. Fel arfer dydy atomau ddim yn bethau trydanol, ond wrth i ddau beth rwbio yn erbyn ei gilydd, er enghraifft gwallt a chrib, mae'r haen allanol o **electronau** ar atomau'r gwallt yn cael eu rhwbio i ffwrdd. Mae'r rhain yn glynu wrth yr atomau ar y crib. Pan fydd atomau wedi colli electronau, dywedwn eu bod wedi eu gwefru'n bositif. Pan fydd atomau'n ennill electronau, maen nhw wedi eu gwefru'n negatif. Mae dwy wefr debyg yn gwrthyrru ei gilydd – ac mae gwefrau gwahanol yn atynnu.

Gwrthyrru

Rhwbiwch falŵn yn erbyn eich siwmper a gofynnwch i ffrind rwbio un hefyd. Clymwch y ddau falŵn ar ffon, y ddwy ochr a gafodd eu rhwbio yn wynebu ei gilydd. Am fod yr un wefr ar y ddau falŵn, byddan nhw'n symud oddi wrth ei gilydd.

MAE'N GWEITHIO!

Gydag electrosgop gallwch brofi am bresenoldeb trydan statig.

Bydd arnoch angen

jar wydr â chaead plastig
papur 'arian' oddi ar siocled
beiro neu bren mesur o blastig
gwifren heb orchudd
ffoil alwminiwm

Gofynnwch am help oedolyn i wthio darn o wifren trwy gaead jar. Plygwch un pen i fyny a hongian darn tenau o bapur siocled drosto. Gwthiwch belen o ffoil alwminiwm dros ben arall y wifren. Rhwbiwch feiro blastig ar ddarn o sidan neu wlân, a'i dal dros y belen ffoil. Os yw'r beiro wedi ei gwefru, bydd y papur siocled yn symud.

Atynnu

Gwnewch nifer o bysgod fel y rhai yn y llun. Gyda help y siâp ar bapur graff, torrwch siapiau pysgod o bapur lliw tenau. Gosodwch nhw ar fwrdd gwastad. Rhwbiwch bren mesur plastig ar ddarn o sidan neu wlân i gynhyrfu electronau'r pren mesur. Dewch â'r pren mesur yn agos at y pysgod a gwyliwch nhw'n neidio wrth gael eu hatynnu gan y wefr drydanol.

▼ Gwnewch nadroedd o bapur tenau a'u haddurno gyda stensiliau neu binnau ffelt. (Byddwch yn ofalus - bydd y papur yn rhwygo'n hawdd.) Symudwch bren mesur wedi ei wefru drostyn nhw, a gwyliwch nhw'n siglo a gwingo!

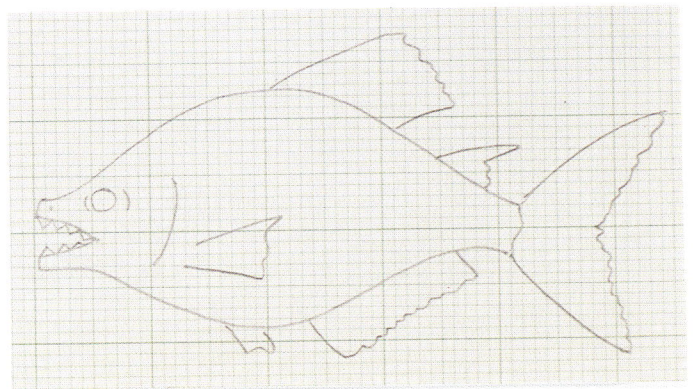

Trydan statig sy'n achosi mellt. Wrth i gerrynt aer a gwyntoedd cryf wneud i ddiferion dŵr a gronynnau rhew mewn cwmwl rwbio yn erbyn ei gilydd, maen nhw'n cynhyrchu gwefr drydanol. Os yw'r wefr yn ddigon mawr, mae llif anferth o electronau'n neidio o'r cwmwl trwy'r awyr i'r ddaear - dyna beth yw mellten.

Dydy trydan statig ei hun ddim yn ddefnyddiol iawn i ni – mae'n rhaid inni storio'r trydan cyn gallu ei ddefnyddio. Enw'r pŵer a ddefnyddiwn yn ein cartrefi yw **trydan cerrynt**, ac mae wedi ei wneud o filiynau o electronau symudol.

Mae cerrynt o drydan yn cael ei ffurfio wrth i'r holl electronau sydd mewn rhywbeth fel darn o wifren gael eu symud i'r un cyfeiriad. I roi egni trydanol, rhaid i'r electronau lifo mewn cylch di-dor, sef **cylched** drydanol.

—|⊦— batri

▲ Ar gyfer pob tasg a gweithgaredd yn y llyfr hwn, batri yw'r ffynhonnell bŵer.

⊗   bylbiau   daliwr bwlb

▲ Bydd gwyddonwyr a pheirianwyr trydan yn defnyddio symbolau arbennig wrth ddylunio neu dynnu llun cylched. Dyma'r symbol am fwlb mewn daliwr bwlb. Diagram cylched yw'r enw ar lun o gylched gyfan.

MAE'N GWEITHIO!

Ceisiwch adeiladu cylched syml eich hun. Mae'n ddigon hawdd, ond rhaid sicrhau bod pob cysylltiad yn dynn yn ei le.

Bydd arnoch angen
batri
gwifren
bwlb a daliwr bwlb
clipiau papur/clipiau crocodeil
casgliad o bethau sydd o gwmpas y tŷ

1 Torrwch ddau ddarn o wifren tua 15 cm o hyd. Tynnwch y gorchudd plastig oddi ar bennau'r gwifrau, heb dorri'r wifren ei hun.

2 Cysylltwch wifrau â'r ddwy sgriw gysylltu ar eich daliwr bwlb.

3 Cysylltwch ben arall y gwifrau â therfynellau eich batri. Os yw pob cysylltiad yn iawn, dylai'r bwlb oleuo.

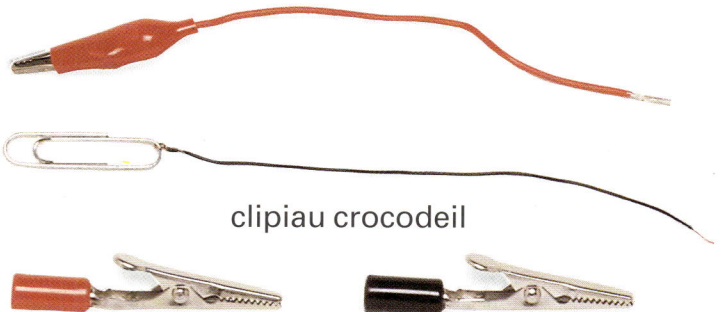

clipiau crocodeil

Dargludydd yw'r enw ar unrhyw beth y mae trydan yn gallu llifo trwyddo, er enghraifft metel. Mae defnyddiau fel plastig, rwber a gwydr, nad yw trydan yn gallu mynd trwyddyn nhw, yn cael eu galw'n **ynysyddion**. Mae dargludyddion ac ynysyddion yn bwysig mewn cylchedau trydanol. Y dargludyddion, sef y metel yn y gwifrau yn yr achos hwn, sy'n caniatáu i'r trydan lifo o gwmpas y gylched. Yr ynysyddion, fel y plastig o gwmpas y gwifrau ac ar y dalwyr bylbiau, sy'n atal y cerrynt rhag cyrraedd unrhyw bethau metel sy'n cyffwrdd â'r gylched.

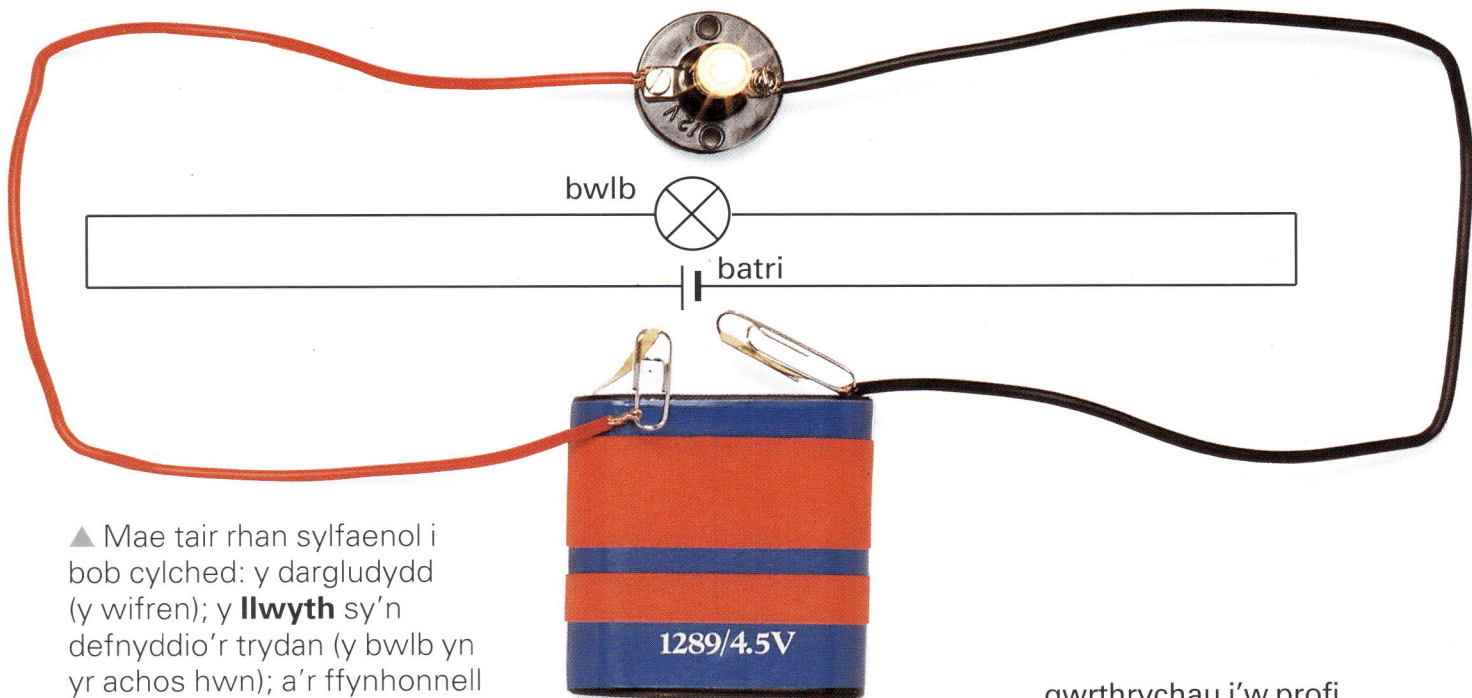

▲ Mae tair rhan sylfaenol i bob cylched: y dargludydd (y wifren); y **llwyth** sy'n defnyddio'r trydan (y bwlb yn yr achos hwn); a'r ffynhonnell egni (y batri).

gwrthrychau i'w profi

Profi dargludydd

Profwch wahanol bethau o gwmpas y tŷ i weld ai dargludyddion neu ynysyddion ydyn nhw. Gwnewch gylched syml â bwlch ynddi, fel yr un yn y llun. Cysylltwch rywbeth rhwng y ddwy wifren. Os yw'r bwlb yn goleuo, yna fe wyddoch fod trydan yn mynd trwy'r gylched. Felly mae'n rhaid bod dargludydd rhwng y gwifrau.

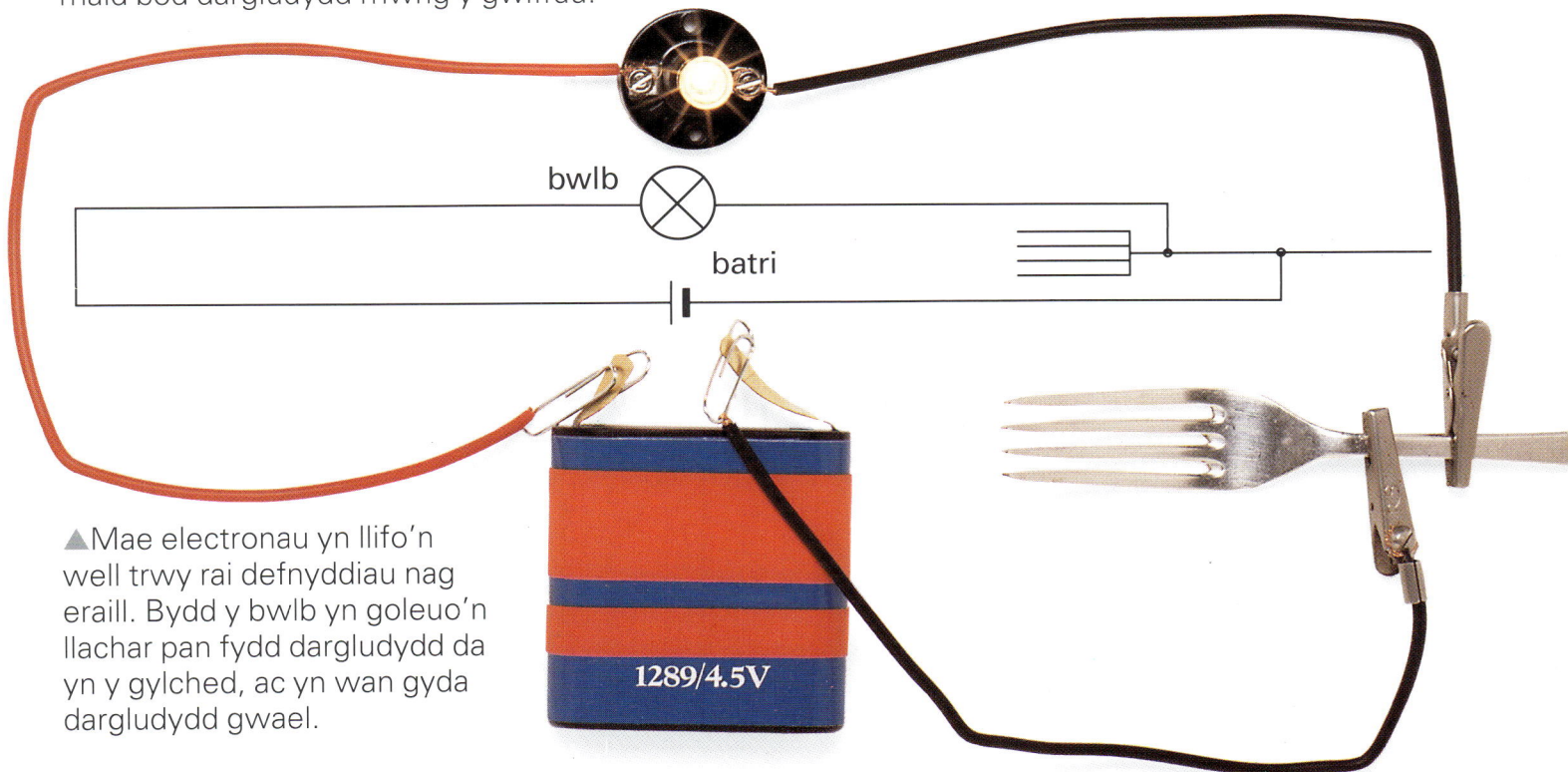

▲Mae electronau yn llifo'n well trwy rai defnyddiau nag eraill. Bydd y bwlb yn goleuo'n llachar pan fydd dargludydd da yn y gylched, ac yn wan gyda dargludydd gwael.

Mae batri yn cynhyrchu trydan o egni cemegol. Fel arfer, mae dau fetel – **electrodau** – yn cael eu rhoi mewn hydoddiant asid – yr **electrolyt**. Mae adwaith cemegol yn digwydd, gan greu pŵer trydanol.

1.5 folt

4.5 folt

1.5 folt   6 folt

3 folt

3 folt

1.5 folt

MAE'N GWEITHIO!

Mae sawl math gwahanol o fatrïau. Mae gan fatrïau gwlyb blatiau metel mewn asid. Mewn batrïau sych, mae pâst cemegol yn gwahanu rhoden o garbon oddi wrth gasyn o zinc. Mae batriau eraill yn cynnwys y metelau nicel a chadmiwm, gydag **alcali** yn lle'r asid.

I wneud batri gwlyb bydd arnoch angen

jar wydr   finegr gwyn
gwifren   clipiau crocodeil/clipiau papur
stribed o zinc   darn o gopor
deuod allyrru golau (LED)

1 Rhowch y stribedi metel yn y jar a'i llenwi â finegr. (Mae finegr yn fath o asid.)

2 Cysylltwch y clipiau a'r gwifrau fel yn y llun, a dylai'r LED oleuo. Er mwyn i LED weithio, rhaid i'r cysylltiadau fod yn y drefn gywir. Os nad yw'n goleuo ar y cynnig cyntaf, cysylltwch yr LED y ffordd arall.

Positif a negatif

Rhaid i gerrynt trydanol bob amser fod yn symud tuag at ryw le penodol. Mewn batri, dau fetel, zinc a chopor, sy'n gwneud y cerrynt. Wrth iddyn nhw gael eu rhoi mewn asid, mae electronau negatif yn symud trwy'r hylif o'r copor i'r zinc. Trwy'r wifren, maen nhw'n gallu symud yn ôl o'r zinc i'r copor, gan achosi llif o drydan.

Cafodd y batri cyntaf ei ddyfeisio gan iarll o'r Eidal, Alessandro Volta, yn y 1790au. Defnyddiodd ddisgiau arian a zinc, tebyg i'n batri darnau arian ni.

I wneud profwr batri bydd arnoch angen

pren balsa	cerdyn
gwifren gopor wedi ei hynysu	cwmpawd
sgriwiau a wasieri	gwifrau a chlipiau

1 Rhowch y cwmpawd ar y cerdyn, lapiwch wifren gopor o'u hamgylch, a chysylltu dau ben y wifren â sgriwiau ar y pren gwaelod fel yn y llun.

2 I brofi batri, clipiwch wifrau o derfynellau'r batri i'r sgriwiau. Bydd nodwydd y cwmpawd yn symud. Gwnewch yr arbrawf â batri newydd sbon ac â batri sydd wedi ei ddefnyddio'n aml. Welwch chi wahaniaeth?

▲ **Batrïau bach** Gallwch wneud batri â darnau 'arian' - ceiniogau copor ac 'arian gwynion' (sy'n cynnwys y metel arian). Rhowch y darnau copor ac arian yn barau gan wahanu pob pâr â sgwaryn o bapur sugno wedi ei drochi mewn dŵr halen. Cysylltwch wifren â'r darn arian sydd ar waelod y pentwr, a gwifren arall â'r darn uchaf. Peidiwch â gadael i'r gwifrau gyffwrdd â'i gilydd, ond clipiwch nhw i'ch profwr batri i weld beth sy'n digwydd. Peidiwch â disgwyl cerrynt cryf iawn, ond dylai'r profwr ddangos rhyw adwaith.

Gallwch hefyd wneud batri bach trwy wthio stribedi copor a zinc i lemwn.

12 Goleudy

Mae trydan ar waith ym mhobman – mewn cartrefi, ffatrïoedd ac ysgolion. Gorsafoedd pŵer sy'n ei gynhyrchu trwy losgi glo neu olew i ferwi dŵr er mwyn gyrru **generaduron** trydan. Ffyrdd eraill yw o danwydd niwclear neu dyrbinau trydan-dŵr.

MAE'N GWEITHIO!

Goleudy oedd un o'r pethau cyntaf i ddefnyddio pŵer trydanol. Defnyddiwch eich gwybodaeth am gylchedau i adeiladu goleudy bach batri ar gyfer eich ystafell wely.

Bydd arnoch angen

cerdyn tenau	glud a thâp glynu
cyllell grefft/siswrn	gwifren
bwlb a daliwr bwlb	batri
clipiau crocodeil/clipiau papur	

1 Gwnewch diwb crwn o gerdyn gwyn a lliwiwch streipiau coch arno i'w addurno. Gallech ddefnyddio canol rholyn papur tŷ bach wedi ei orchuddio â phapur gwyn.

2 Torrwch gylch o gerdyn ar gyfer y llwyfan, rhowch dwll trwy ei ganol, a'i lynu ar ben y tiwb. Glynwch stribed o gerdyn o gwmpas ymyl y llwyfan i wneud y canllaw.

3 Cysylltwch ddwy wifren hir â daliwr bwlb a glynwch hwnnw yn ei le â thâp ar ben y tiwb. Gwthiwch y gwifrau i lawr y tiwb ac allan trwy'r gwaelod.

4 I wneud ffenestri'r goleudy torrwch dyllau bach sgwâr mewn stribed o gerdyn â chyllell grefft neu siswrn, gan ddefnyddio'r llun ar y chwith fel patrwm. Plygwch y cerdyn yn silindr a'i lynu yn ei le ar y llwyfan.

5 I wneud y to, tynnwch lun cylch. Gwnewch ddau doriad yn agos at ei gilydd o'r ymyl i'r canol a thorrwch dafell fach i ffwrdd. Plygwch a glynwch y cylch i ffurfio côn. Gwnewch faner o bapur a ffon fach bren.

6 Cysylltwch flaenau'r gwifrau â batri a dylai'r bwlb oleuo yn eich goleudy.

Mae'n debyg mai'r Hen Eifftwyr oedd y bobl gyntaf i adeiladu goleudai. Ar y dechrau, yr arfer oedd cynnau coelcerthi ar ben bryniau i rybuddio llongau. Cafodd y goleudy uchaf erioed ei adeiladu yn y drydedd ganrif CC - Pharos Alexandria a oedd dros 122 metr o uchder.

Mae gan wyddonwyr ddwy uned wahanol i fesur trydan, sef y folt a'r wat. Mae foltiau'n mesur grym trydanol, sef faint o bŵer sy'n cael ei gynhyrchu gan ffynhonnell o drydan, er enghraifft gan fatri. Mae watiau'n mesur y pŵer trydanol yn y man lle mae'n cael ei ddefnyddio - mewn tân trydan neu fwlb, er enghraifft.

▲ I guddio batri'r goleudy, glynwch hen ddarnau o gerdyn at ei gilydd i ffurfio siâp 'craig' ag ymylon miniog, a'i pheintio. O gwmpas y goleudy gosodwch fwi neu ddau, tebyg i'r rhai ar y dudalen nesaf.

Cyn bod cerrynt yn gallu llifo mewn cylched, rhaid i'r holl ddarnau (y **cydrannau**) fod wedi eu cysylltu â'i gilydd. Os oes mwy nag un gydran, mae dwy ffordd o gwblhau'r gylched – yn gyfres neu yn baralel.

MAE'N GWEITHIO!

Mewn cylched gyfres, un llwybr sydd gan y cerrynt trydanol, gan fynd trwy bob un o'r cydrannau yn eu tro. Os tynnwch un gydran o'r gylched, neu os yw'n torri (er enghraifft ffilament wedi llosgi mewn bwlb), yna bydd yr holl gydrannau eraill yn peidio â gweithio hefyd.

Mewn cylched baralel, mae pob cydran wedi ei chysylltu â'r batri yn ei changen ei hun o'r brif gylched. Yna os bydd un o'r bylbiau yn torri, bydd y bylbiau eraill yn dal i oleuo, am fod eu canghennau nhw o'r gylched yn gyfan o hyd.

Bydd arnoch angen

cerdyn neu bapur trwchus	siswrn/cyllell grefft
gwifrau	glud a thâp glynu
bylbiau a dalwyr bylbiau	batrïau
clipiau crocodeil/clipiau papur	

1 Yn gyntaf gwnewch ddwy set o dri bwi fel y rhai a ddefnyddir i nodi lonydd llongau. Ar gyfer pob bwi torrwch gerdyn tenau i ffurfio'r siapiau a welwch yn y llun: hanner cylch ar gyfer y corff, stribed â ffenestri ynddo ar gyfer y lamp a chylch â hollt ynddo ar gyfer y to. Defnyddiwch gyllell grefft i dorri tyllau'r ffenestri.

2 Rhowch bob bwi at ei gilydd fel yn y llun, gan ffitio daliwr bwlb yn dynn yn y corff â thâp glynu.

3 Adeiladwch y gylched gyfres a welwch ar ochr chwith y dudalen nesaf. Cysylltwch wifren o un daliwr bwlb i'r nesaf, gan gwblhau'r gylched o'r bwi olaf yn ôl i'r batri. Gallech osod swits yn y fan yma.

4 Adeiladwch y gylched baralel fel yn y llun ar y dde. Cysylltwch ddwy wifren, un o bob terfynell y batri, at ddwy derfynell y daliwr bwlb cyntaf. Wedyn cysylltwch y daliwr bwlb hwnnw â'r nesaf gyda dwy wifren arall. Gwnewch yr un peth i gysylltu'r trydydd bwlb â'r gylched.

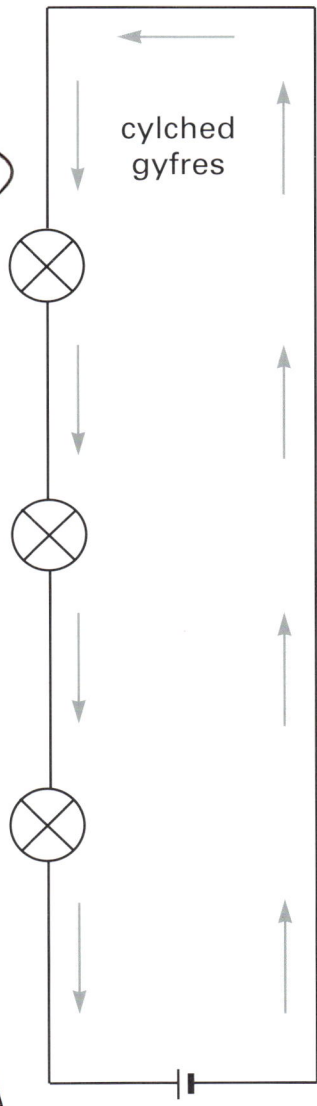

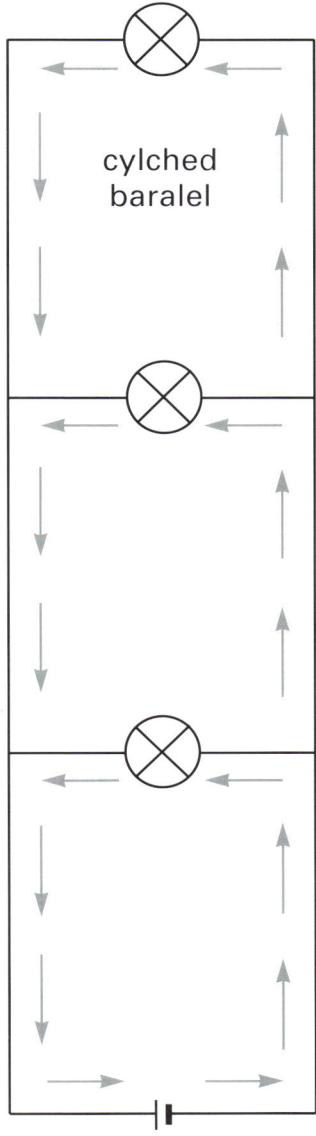

cylched gyfres

cylched baralel

▲ Rhowch gynnig ar dynnu'r bwlb canol o'r ddwy gylched i weld beth sy'n digwydd.

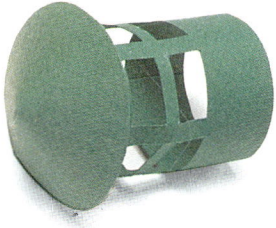

16 Bylbiau Golau

Mae bylbiau golau yn defnyddio trydan i gynhyrchu golau. Yn y bwlb mae blewyn tenau o fetel sy'n cael ei alw'n **ffilament**. Wrth i gerrynt trydan wthio ei ffordd trwy'r rhan gul yma o'r gylched, mae'r ffilament yn poethi'n wynias a rhoi golau.

Bydd arnoch angen
casgliad o hen fylbiau golau
cyllell grefft
glud neu dâp
cerdyn
pren mesur

bwlb glôb opal (100 W)

bwlb glôb clir (100 W)

bwlb lamp ffotograffig (600 W)

MAE'N GWEITHIO!
Mae pob math o fylbiau golau i'w cael. Casglwch wahanol fylbiau, a gwnewch focs arbennig i'w harddangos a'u cadw. Mae bylbiau'n ddrud i'w prynu, felly ceisiwch gasglu rhai sydd wedi rhoi'r gorau i weithio. Byddwch yn ofalus â bylbiau, gan fod y gwydr tenau'n gallu torri'n hawdd.

1 Penderfynwch ar faint eich bocs. Wedyn torrwch siâp gwastad fel yr un ar y chwith.

2 Plygwch ochrau'r bocs i fyny. Gwthiwch y fflapiau cornel i mewn a'u glynu yn eu lle.

3 Torrwch holltau'n ofalus yn y cerdyn i wneud tyllau ar gyfer dal coesau'r bylbiau. Gwnewch yn siŵr bod y bylbiau yn ffitio'n dynn.

4 Ceisiwch labelu eich casgliad. Marciwch y gwahanol fathau o fylbiau (rhai â ffilament, eraill yn diwbiau fflwrolau) a hefyd eu cryfder. Gallwch weld beth yw cryfder bwlb yn ôl sawl wat (W) o bŵer mae'n ei ddefnyddio.

tiwb neon
gwyn

bwlb lamp
car

*Americanwr o'r enw Thomas Edison ddyfeisiodd
y bwlb golau, ym 1879. Edau wedi ei llosgi
oedd y ffilament yn ei fwlb cyntaf.*

bwlb
sbot-olau

bylbiau
lampau beic

bylbiau
candelabra

bwlb fflach
ffotograffydd

tiwb â
ffilament
siâp ysgol

bwlb
halogen
(llachar iawn)

bwlb
fflachio
coch

bwlb
siâp perl

bwlb
taflunydd

*Mae pob bwlb wedi ei selio, yn llawn o nwy
nitrogen neu argon. Dydy bwlb ddim yn
cynnwys unrhyw ocsigen, y nwy yn yr aer y mae
ei angen gyfer llosgi. Mewn nitrogen neu argon,
mae'r ffilament yn gallu gloywi heb fynd ar dân.*

*Does dim ffilament mewn bylbiau fflwrolau.
Yn y rhain mae'r trydan yn cael ei anfon trwy
nwy sydd dan wasgedd yn y bwlb. Mae hyn
yn gwneud i'r nwy gynhyrchu golau, ond
dydy'r bwlb eu hun ddim yn poethi llawer.*

bwlb glôb
bach clir

bylbiau fflachio bach

bwlb sbot-olau
bach

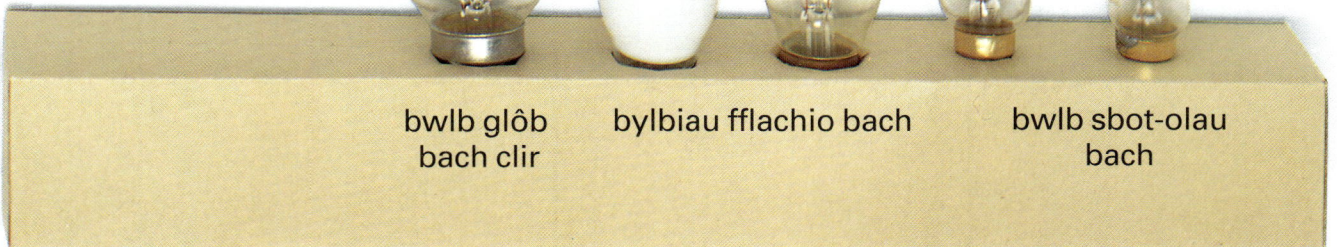

Rhaid i gerrynt trydanol bob amser lifo trwy gylched gyflawn. Does dim cerrynt yn bosibl mewn cylched sydd wedi torri, gan fod yn rhaid i electronau ddal i symud mewn llif parhaus.

MAE'N GWEITHIO!

Dyma gêm i weld pa mor dda y gallwch reoli symudiad eich llaw. Ar y dechrau, mae bwlch yn y gylched, felly nid yw'r bwlb yn goleuo. Os bydd eich llaw yn crynu wrth i chi symud y ffon, bydd y ddolen yn cyffwrdd â'r wifren gan gwblhau'r gylched a goleuo'r bwlb.

Bydd arnoch angen

batri	gwifren
bwlb a daliwr bwlb	hoelbren
clipiau crocodeil/clipiau papur	tâp lliw
hen wifren hongian dillad	
dolenni sgriw, mawr a bach	
pren balsa a glud pren, neu focs esgidiau	

Weithiau mae haen denau o blastig clir dros y wifren hongian dillad i'w hatal rhag marcio'r dilledyn. Os felly, rhaid crafu'r plastig i ffwrdd â phapur gwydr, neu bydd yn ynysu'r wifren ac atal y gylched rhag gweithio.

1 Gwnewch ffon y gêm trwy sgriwio dolen fawr i ben yr hoelbren. Cysylltwch ddarn hir o wifren â'r ddolen, a'i glynu â thâp i lawr ochr y ffon.

2 Gwnewch focs trwy lynu darnau o bren at ei gilydd, neu gallech ddefnyddio bocs esgidiau. Peintiwch y bocs a marcio rhannau arno â thâp lliw.

3 Gosodwch y daliwr bwlb yn un pen i'r bocs, cysylltwch wifrau iddo a'u gwthio trwy ben y bocs.

dolen sgriw   hoelbren

gwifren

4 Sgriwiwch ddolen fach i bob pen i'r bocs. Os ydych yn defnyddio bocs esgidiau, efallai y bydd rhaid defnyddio tâp i'w dal yn eu lle. Plygwch ac ystumiwch y wifren hongian dillad i wneud rhan ucha'r gêm. Rhowch y wifren trwy ddolen y ffon. Wedyn cysylltwch ddau ben y wifren â'r dolenni sgriw ar y bocs.

5 O dan y bocs, cysylltwch un o'r gwifrau o'r daliwr bwlb i'r batri. Rhowch glip crocodeil ar y wifren arall a chysylltwch hwnnw ag un pen y wifren hongian dillad.

6 Cysylltwch y wifren o'r ffon chwarae i derfynell rydd y batri. A dyna chi'n barod i chwarae'r gêm!

diagram cylched y gêm

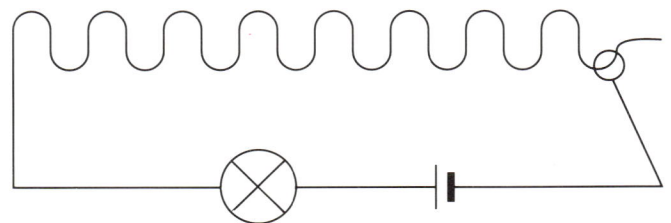

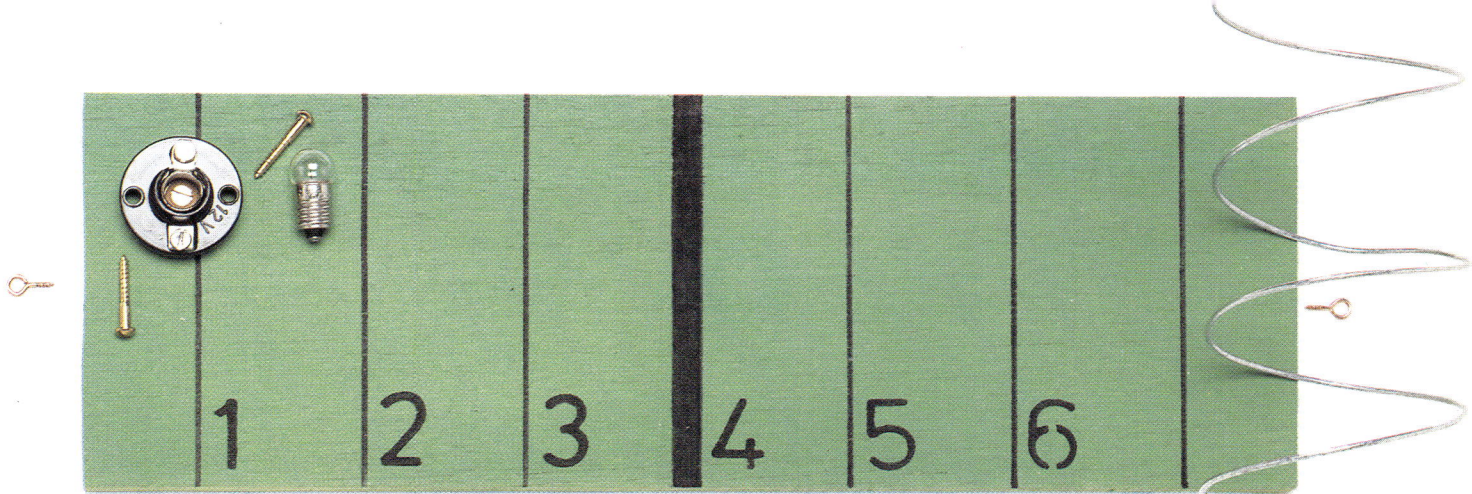

Chwarae'r gêm

Daliwch y ffon yn eich llaw a symudwch y ddolen ar hyd y wifren heb ei chyffwrdd. Os bydd eich llaw yn llithro, bydd y bwlb yn goleuo. Gallech gystadlu i weld pwy sy'n gallu mynd bellaf ar hyd y wifren heb oleuo'r bwlb.

▼ Defnyddiwch wifrau o wahanol siapiau. Ceisiwch wneud rhai hawdd a rhai anodd. Fe sylwch fod gwifren hongian dillad yn weddol anodd i'w phlygu ac efallai y bydd arnoch angen gefel i blygu onglau sgwâr ac ati.

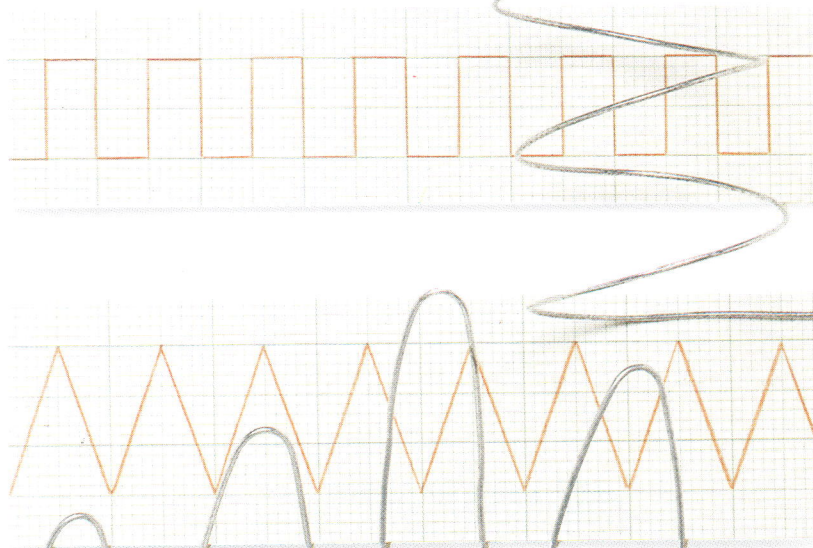

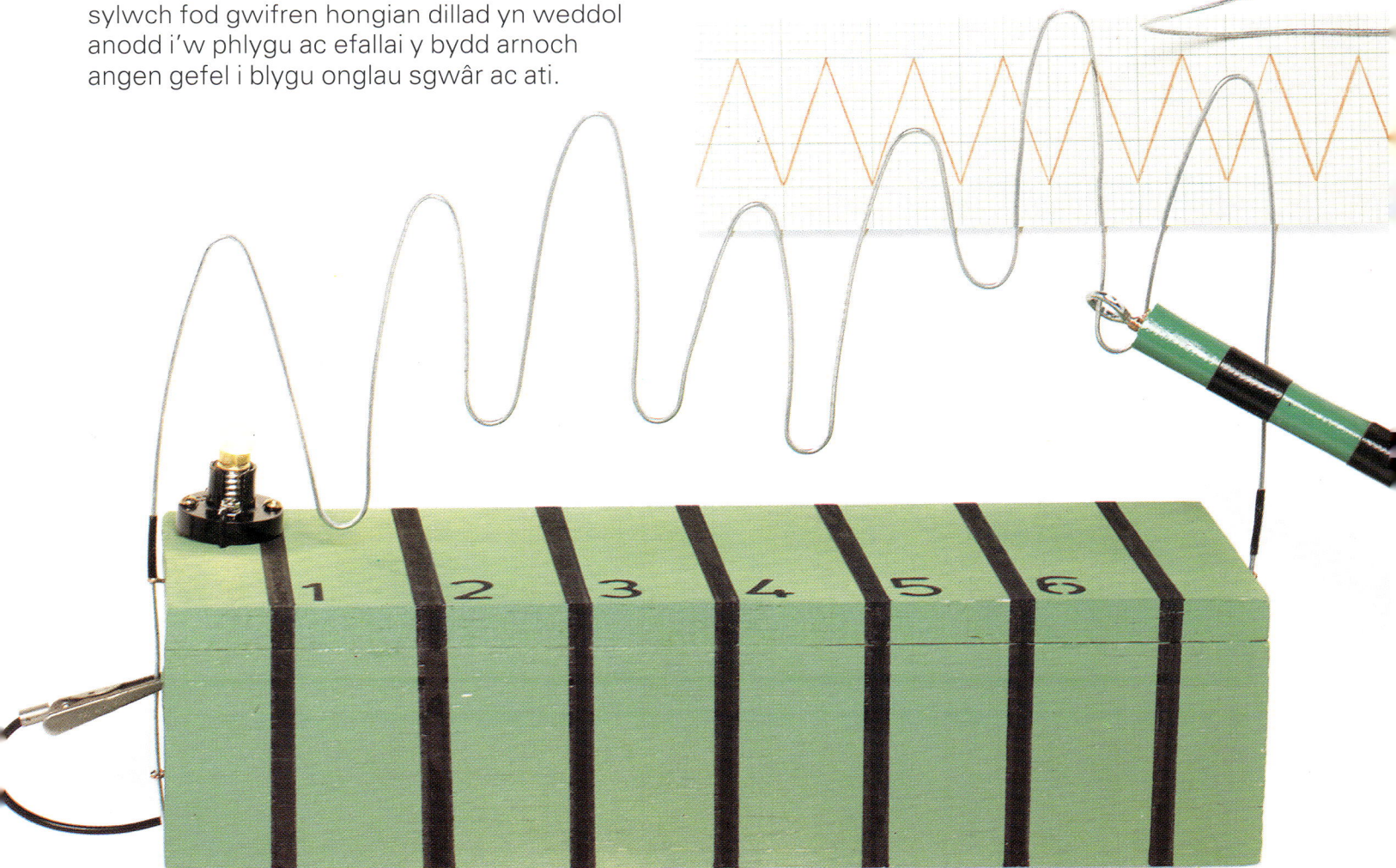

Pwrpas swits yw cynnau a diffodd cylched. Os yw'r swits yn agored, mae'n torri'r gylched gan atal llif y trydan. Os yw wedi cau, mae'r gylched yn gyflawn a'r trydan yn gallu llifo.

MAE'N GWEITHIO!

Gallwn wneud i switsys weithio mewn llawer o wahanol ffyrdd. Er enghraifft, efallai nad ydych am ddiffodd golau yn llwyr, dim ond pylu ychydig arno. Neu efallai fod arnoch angen swits i gynnau neu ddiffodd seinydd yn gyflym iawn, er mwyn cynhyrchu signal sy'n batrwm arbennig o seiniau. Dyma bedwar math gwahanol o switsys i'w gwneud.

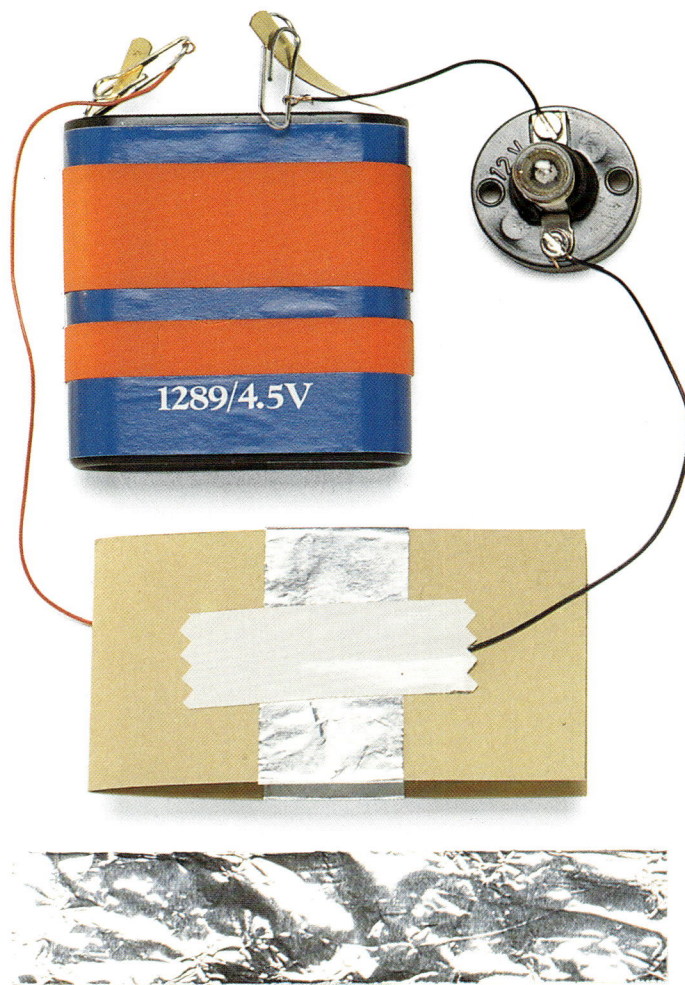

Swits syml

Swits cynnau/diffodd syml yw hwn. Os yw wedi cau, mae'r cerrynt yn llifo trwy'r gylched; os yw ar agor, mae'n atal y cerrynt. Adeiladwch gylched syml, fel yr un ar dudalen 8, ond gadewch doriad yn y gwifrau. Gwnewch swits fel yr un yn y llun, gan ddefnyddio bloc o bren balsa, clip papur a dau bin bawd metel. Tra bo'r clip yn cyffwrdd â'r ddau bin bawd, mae'r swits wedi ei gynnau.

Swits gwasgedd

Dyma'r math o swits y gallech ei ddefnyddio i wneud i gloch ganu wrth i rywun sefyll ar fat y drws ffrynt. Adeiladwch gylched fel o'r blaen. Plygwch ddarn o gerdyn yn ei hanner. Lapiwch stribedi o ffoil o gwmpas dau hanner y cerdyn fel eu bod yn cyffwrdd wrth gael eu gwasgu at ei gilydd. Ar ochr allanol y ddwy ochr i'r cerdyn rhowch dâp i ddal y gwifrau yn eu lle ar y ffoil. Pan fydd y ddau stribed o ffoil yn cyffwrdd, bydd y swits yn cynnau.

Bydd arnoch angen

batrïau	gwifrau
dalwyr bylbiau	bylbiau
pren balsa	cerdyn
clipiau papur	tâp
pinnau bawd	corcyn
ffoil alwminiwm	pensil
stribedi tenau o gopor	clip crocodeil

Swits pylu

Mae trydan yn gallu mynd trwy'r **graffit** sydd mewn pensil, ond mae'n waith caled. Dywedwn fod graffit yn **wrthydd**, am ei fod yn gwrthsefyll y cerrynt trydanol. Gallwch ddefnyddio pensil graffit fel gwrthydd i wneud swits pylu golau. Os yw led eich pensil yn hir, mae'r gwrthiant yn fwy ac, o ganlyniad, mae'n pylu mwy ar y golau.

Swits tapio

Dyma'r math o swits sy'n cael ei ddefnyddio i anfon negeseuon cod Morse. Gallwch reoli'n fanwl pa bryd mae'r gylched yn gyflawn neu wedi ei thorri. Mae'r swits yn cynnau wrth i'r ddau stribed copor gael eu gwasgu at ei gilydd. Wedyn mae'n neidio yn ei ôl ohono'i hun i'w safle 'diffodd'. Mae manylion llawn sut i wneud tapiwr cod Morse ar y dudalen nesaf.

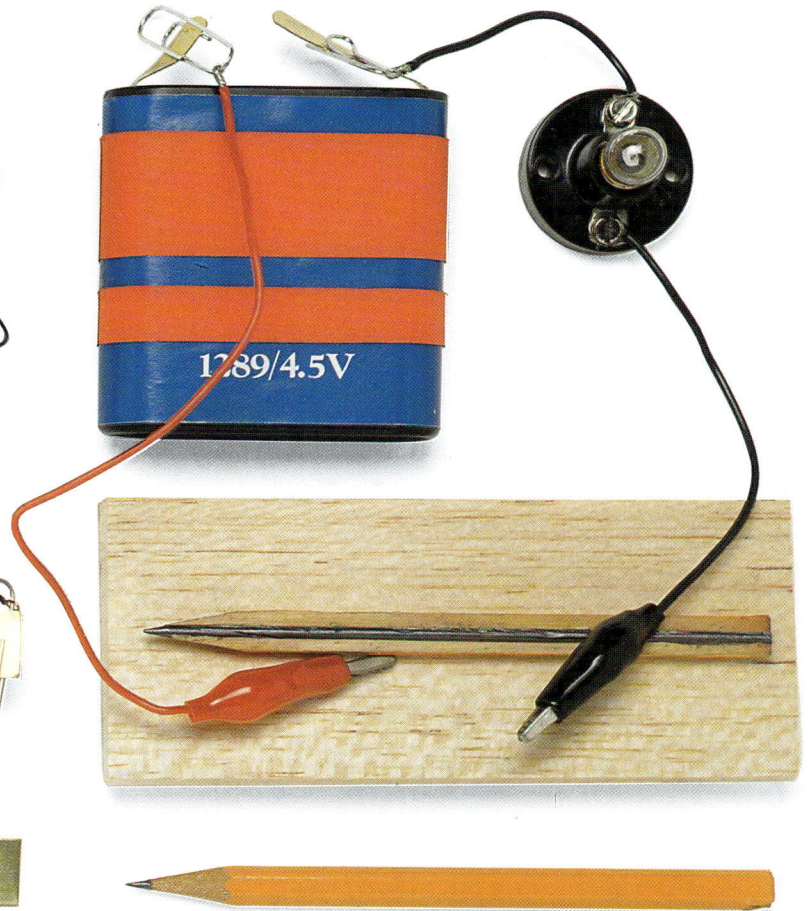

Gwnewch gylched syml fel o'r blaen, ond rhowch glipiau crocodeil ar flaenau rhydd y wifren. Trochwch bensil graffit mewn dŵr a gofynnwch i oedolyn ei thorri i lawr y canol. (**Gofal!** Peidiwch â rhoi cynnig ar dorri'r pensil eich hun.) Cysylltwch y clipiau crocodeil â dau ben y graffit, yna llithrwch un clip tuag at y llall yn raddol. Beth sy'n digwydd?

Cafodd cod Morse ei greu ym 1840 gan Samuel Morse, dyfeisydd ac arlunydd o America. Mae pob un o lythrennau'r wyddor Saesneg yn cael ei chynrychioli gan gyfuniad syml o signalau trydanol byr a hir. Ar bapur, dangosir y cod fel cyfres o ddotiau, llinellau a bylchau. Cyn dyddiau **lloerennau cyfathrebu** a pheiriannau ffacs, byddai adroddiadau papur newydd a negeseuon rhyngwladol yn cael eu hanfon mewn cod Morse ar ffurf fflachiadau neu seiniau trwy wifrau telegraff.

MAE'N GWEITHIO!
Gwnewch ddau offeryn tapio cod Morse i anfon a derbyn negeseuon cudd.

Bydd arnoch angen
dau ddarn o bren	dau fatri
dau fwlb a dalwyr	gwifrau
dau stribed o gopor	clipiau papur
dwy dafell o gorcyn	glud a sgriwiau

▼ Cod Morse rhyngwladol
Dyma symbolau'r cod Morse. Fel y gwelwch, dotiau, llinellau a bylchau ydyn nhw. I anfon dot, rydych yn gwasgu a gollwng botwm y trosglwyddydd yn gyflym. I anfon llinell, daliwch y botwm i lawr am ddwywaith amser y dot. Mae bwlch rhwng llythrennau yr un hyd â dot, ac mae bwlch rhwng geiriau yr un hyd â llinell.

a	• ▬	s	• • •
b	▬ • • •	t	▬
c	▬ • ▬ •	u	• • ▬
d	▬ • •	v	• • • ▬
e	•	w	• ▬ ▬
f	• • ▬ •	x	▬ • • ▬
g	▬ ▬ •	y	▬ • ▬ ▬
h	• • • •	z	▬ ▬ • •
i	• •	1	• ▬ ▬ ▬ ▬
j	• ▬ ▬ ▬	2	• • ▬ ▬ ▬
k	▬ • ▬	3	• • • ▬ ▬
l	• ▬ • •	4	• • • • ▬
m	▬ ▬	5	• • • • •
n	▬ •	6	▬ • • • •
o	▬ ▬ ▬	7	▬ ▬ • • •
p	• ▬ ▬ •	8	▬ ▬ ▬ • •
q	▬ ▬ • ▬	9	▬ ▬ ▬ ▬ •
r	• ▬ •	0	▬ ▬ ▬ ▬ ▬

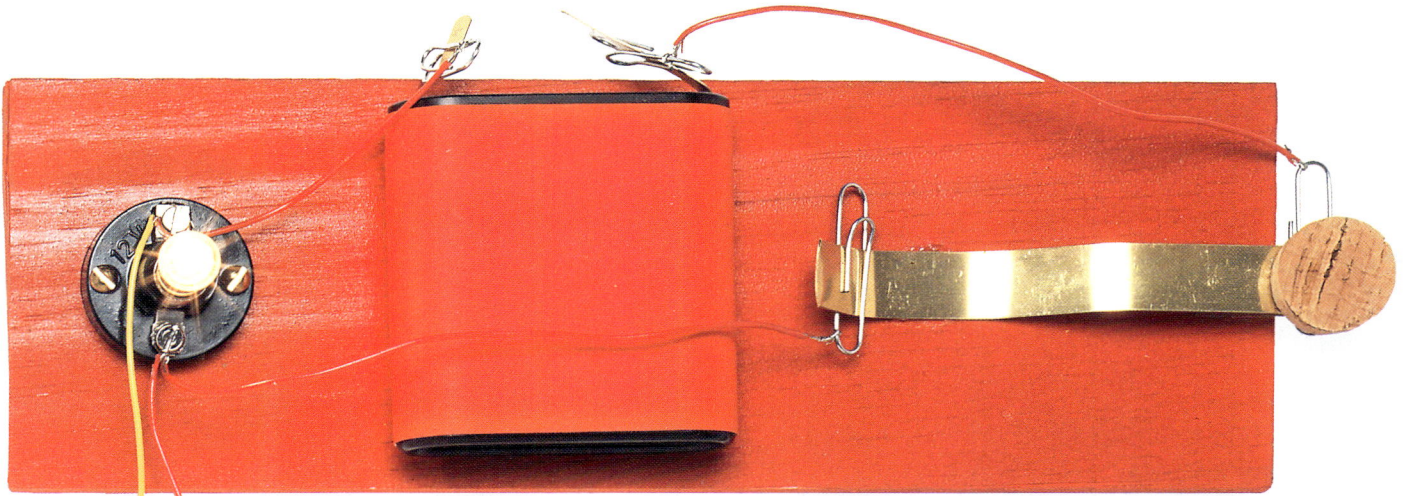

1 Glynwch y batrïau ar y darnau pren a sgriwiwch y dalwyr bylbiau i'w lle fel yn y llun.

2 Gofynnwch i oedolyn dorri'r stribedi copor yn bedwar darn - dau yn hir a dau yn fyr. Glynwch un stribed byr ar flaen un o'r darnau pren, gan wneud yn siŵr ei fod yn cyrraedd dros yr ymyl. Hwn fydd cyswllt gwaelod y botwm. I wneud ei ran uchaf, plygwch stribed hir o gopor, a'i lynu'n gadarn at y darn pren, gan wneud ei siâp fel yn y diagram.

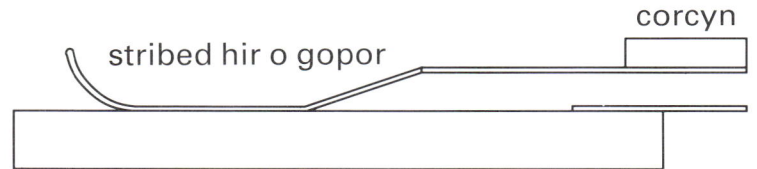

stribed hir o gopor   corcyn

3 Glynwch dafellau o gorcyn ar ben y ddau fotwm a chysylltwch nhw fel yn y llun. Wrth i chi wasgu'r botwm, bydd y stribed hir o gopor yn cyffwrdd â'r stribed byr oddi tano a dylai'r ddau fwlb oleuo.

Mewn rhai cylchedau, mae llawer o wahanol gysylltiadau yn gweithio gyda'i gilydd i gyflawni tasgau cymhleth. Er enghraifft, mewn radio mae pob math o gylchedau, rhai heb eu gwneud o wifrau ond, yn hytrach, o stribedi bach metel wedi eu printio ar ddalen. Mewn cyfrifiaduron, mae miloedd o gylchedau microsgopig wedi eu gwasgu at ei gilydd ar un **sglodyn silicon**.

MAE'N GWEITHIO!

Mae'r rhan fwyaf o gylchedau'n cael eu gwneud ar fwrdd cylched gyda'r gwifrau i gyd wedi eu gwasgaru rhag iddyn nhw gyffwrdd â'i gilydd ar ddamwain. Mae'r gêm holi yma'n dangos beth yw bwrdd cylched syml. Bydd pob cysylltiad cywir yn cwblhau cylched a goleuo bwlb.

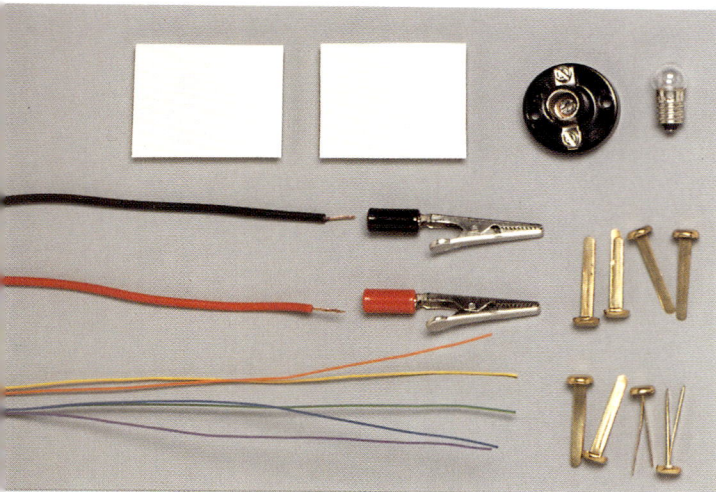

Bydd arnoch angen

gwifrau	cerdyn
batri	ffasnyddion papur
bwlb a daliwr bwlb	seinydd
tâp glynu Velcro	pinnau ffelt lliw
clipiau crocodeil/clipiau papur	

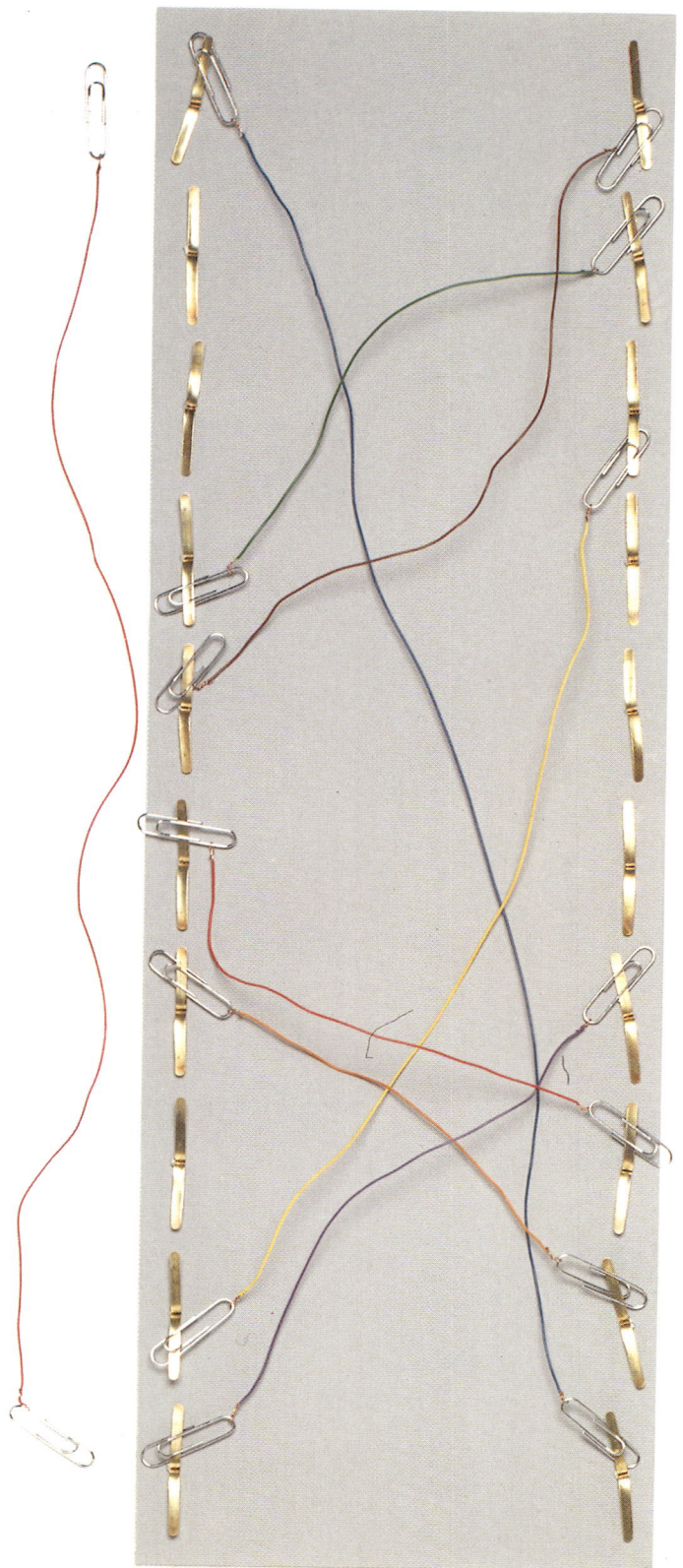

1 Torrwch ddarn o gerdyn i wneud eich bwrdd cwis. Ar hyd ochrau'r cerdyn gwthiwch ddwy res o ffasnyddion papur. Wrth ymyl botwm uchaf pob ffasnydd, glynwch stribed o dâp Velcro.

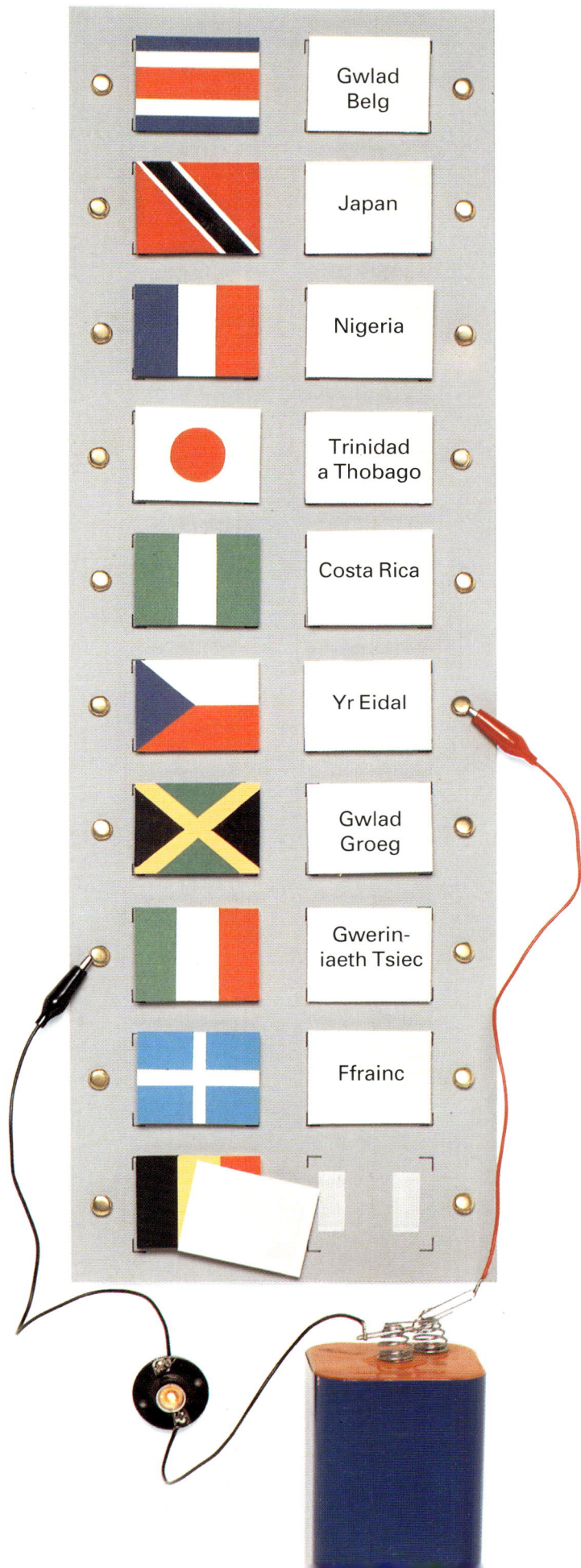

2 Paratowch gardiau holi. Glynwch ddarn o Velcro ar gefn pob un a'u gosod ar hap ar y cerdyn. Ar gefn y cerdyn, cysylltwch wifrau o'r cwestiynau at yr atebion cywir.

3 Adeiladwch gylched o fatri, bwlb, gwifrau a chlipiau fel yn y llun ar gyfer rhoi cynnig ar ateb y cwestiynau.

4 Gwnewch i un wifren brawf gyffwrdd â'r ffasnydd papur wrth ymyl un o'r cwestiynau. Rhowch y wifren arall i gyffwrdd â ffasnydd un o'r atebion. Os dewiswch yr ateb cywir, bydd y gylched drydanol wedi ei chwblhau a'r bwlb yn goleuo.

▲ Torrwch wahanol siapiau ar gyfer eich bwrdd cwis a rhowch seinydd yn lle'r bwlb golau. Nawr, trwy deimlo'r siapiau, gallwch chwarae'r gêm â mwgwd dros eich llygaid!

▲▼ Meddyliwch am wahanol fathau o gwis. Beth am anifeiliaid, neu chwaraewyr tennis?

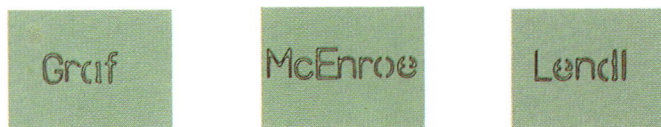

Graf   McEnroe   Lendl

Cyn dechrau chwarae dylech bob amser wirio'r holl gysylltiadau. Fydd y gêm ddim yn gweithio os bydd unrhyw wifrau'n rhydd.

Flags and country name cards:
- Gwlad Belg
- Japan
- Nigeria
- Trinidad a Thobago
- Costa Rica
- Yr Eidal
- Gwlad Groeg
- Gweriniaeth Tsiec
- Ffrainc

26 Magnetedd

Fel trydan statig, grym naturiol na allwch ei weld yw magnetedd. Cafodd ei ddarganfod dros ddwy fil o flynydd-oedd yn ôl, pan sylwodd y Groegiaid fod rhai cerrig yn neidio at ei gilydd neu'n symud ar wahân, yn dibynnu ar y ffordd roedden nhw'n wynebu.

Beth yw magnet?

Darn o haearn neu ddur yw magnet ond mae'n atynnu neu wrthyrru darnau arbennig eraill o haearn neu ddur. Fel pob sylwedd arall, mae metelau wedi eu gwneud o'r gronynnau bach iawn a alwn ni yn **folecylau** sydd, yn eu tro, wedi eu gwneud o atomau. Fel arfer, mae'r molecylau sydd mewn darn o haearn yn wynebu i wahanol gyfeiriadau. Ond os gallwn ni roi trefn arnyn nhw a'u cael i gyd i wynebu'r un ffordd, yna maen nhw'n gweithio gyda'i gilydd fel magnet, gan wneud grym cryf.

MAE'N GWEITHIO!

Gallwch weld grym magnetau ar waith yn y gêm bysgota hon. Pwrpas y gêm yw sgorio pwyntiau wrth 'ddal' pysgod. Bydd pob chwaraewr yn pysgota yn ei dro, a'r chwaraewr â'r sgôr uchaf fydd yn ennill.

1 Gan ddefnyddio'r llun hwn fel patrwm, torrwch bysgod mawr, canolig a bach o gardiau o liwiau gwahanol.

2 Marciwch y llygad, y dagell a'r geg gan ddefnyddio pin ffelt trwchus.

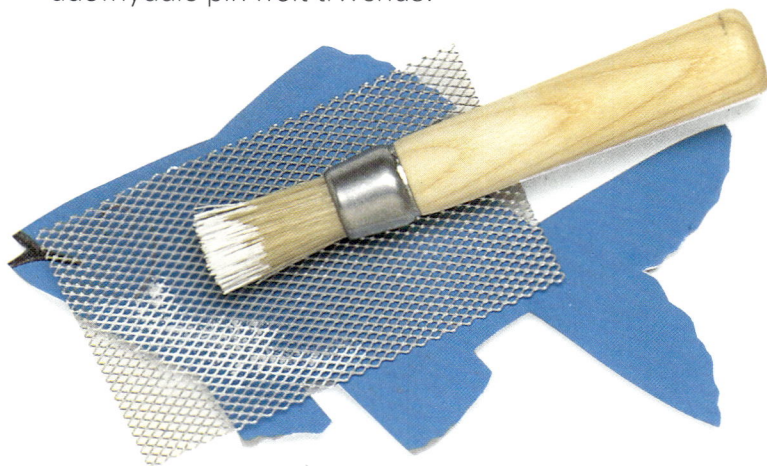

3 Er mwyn iddo ymddangos fel pe bai cen drosto, peintiwch y pysgodyn trwy rwyllen â brws stensil. Defnyddiwch baent goleuach ar gyfer y stumog. Ysgrifennwch rif sgôr ar bob pysgodyn.

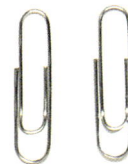

Bydd arnoch angen

cerdyn tenau	paent a brwsys paent
rhwyllen denau	hoelbrennau a llinyn
cyllell grefft	clipiau papur
magnet bach â thwll yn ei ganol	

4 Gwnewch wialen bysgota trwy glymu'r magnet wrth linyn. Cysylltwch ben arall y llinyn wrth hoelbren fel yn y llun.

5 Rhowch glipiau papur ar drwynau'r pysgod.

6 Defnyddiwch focs cardfwrdd wedi ei orchuddio â cherdyn glas i wneud 'môr'. Rhowch y pysgod ynddo a dechreuwch bysgota.

O gwmpas pob magnet mae ardal sy'n cael ei galw'n **faes grym**, lle mae tyniad neu wthiad metel a magnet ar eu cryfaf. Mae'r maes grym yn ddigon cryf i allu gweithredu trwy bren neu wydr. Mae dau ben magnet, lle mae'r rhan fwyaf o'r egni wedi ei gyfeirio, yn llawer mwy pwerus na'i ganol.

MAE'N GWEITHIO!

Y mwyaf pwerus yw magnet, y mwyaf a chryfaf yw ei faes grym. Sylwch sut mae magnet bach yn gallu gweithredu trwy gerdyn, a sut mae maes grym magnet dur cryf yn gweithredu hyd yn oed trwy ddrws pren.

Ar gyfer y pryfed bydd arnoch angen

cerdyn	glud
tafellau o gorcyn	paent a brwsys paent
pinnau bawd o fetel	magnet pedol

Pryfed magnetig

Defnyddiwch gyllell grefft i dorri siapiau pryfed o gerdyn tenau a pheintiwch nhw'n ofalus. Glynwch bob pryf wrth sgwaryn bach o gorcyn a gwthiwch bin bawd i'w waelod. O'r tu ôl i ddrws, defnyddiwch fagnet pedol cryf i wneud i'r pryfed symud ar yr ochr arall.

Ar gyfer y gêm bydd arnoch angen

cerdyn gwyn
cyllell grefft
pinnau bawd o fetel
magnetau bychain
pêl fach blastig

cerdyn gwyrdd
corcyn
hoelbrennau
glud
paent neu greonau

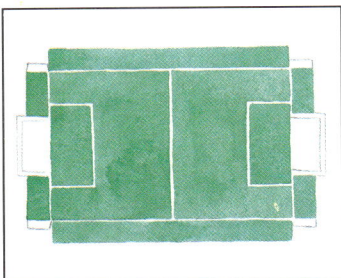

Pêl-droed bwrdd

Gwnewch focs o gerdyn gwyrdd, gan blygu a glynu'r corneli fel yn y lluniau bach. Marciwch linellau'r maes pêl-droed yn wyn. Torrwch chwaraewyr o gerdyn a glynwch ddarn o gorcyn y tu mewn i waelod pob un. Gwthiwch bin bawd trwy'r gwaelod o'r tu allan. Defnyddiwch fagnetau'n sownd wrth hoelbrennau o dan y bwrdd i symud y chwaraewyr.

Mae meysydd grym magnetau yn gallu gweithredu trwy lawer o wahanol sylweddau. Gallwch symud y pryfed a'r chwaraewyr pêl-droed ar y tudalennau blaenorol am fod magnet yn gallu atynnu trwy bren a cherdyn. Gall maes grym weithredu trwy ddŵr hefyd.

Bydd arnoch angen

cerdyn lliw, tenau	gwifren
corciau	clipiau papur
magnetau drws	glud
hoelbrennau	magnetau cryf
pren balsa	gweillen bren
pinnau bawd o fetel	tanc gwydr

I wneud y cychod corcyn

1 Gwnewch yr hwyliau o gerdyn lliw. Gallwch wneud hwyl drionglog trwy dorri dau driongl a'u glynu gefn wrth gefn gan ddal y mast rhyngddyn nhw.

MAE'N GWEITHIO!

Gallwch wneud dau fath gwahanol o gwch magnetig. Mae'r cychod corcyn yn gweithio am fod dau fagnet yn atynnu ei gilydd. Mae magnetau'r cychod yn agos at waelod y tanc, felly gallwn ddefnyddio barfagnet bach ar flaen ffon i dynnu'r cychod trwy'r dŵr. Mae gan y cwch pren balsa binnau bawd yn ei gêl ac i symud hwn mae angen magnet cryfach gyda maes grym a fydd yn gallu atynnu trwy ddŵr bas.

Er bod yr Hen Roegwyr yn gwybod am fagnetau, nid oedd pobl yn gwybod sut i wneud magnetau am gannoedd o flynyddoedd wedyn. Yn y 19eg ganrif y daeth pobl i ddeall magnetedd, a'i berthynas agos â thrydan.

2 Gallwch hefyd wneud trefniant mwy cymhleth i gynnwys prif hwyl a hwyl flaen. Torrwch ar hyd croeslin darn petryal o gerdyn, gan adael digon o gerdyn ar yr ymyl syth i wneud dau dafod. Defnyddiwch y tafodau i lynu'r hwyl wrth ddarn o wifren.

3 Gwthiwch y mast gwifren i gorcyn. **Byddwch yn ofalus iawn** rhag pigo eich hun â'r wifren. Gwnewch faner i'w gosod ar ben y mast trwy blygu stribed o gerdyn lliw arall.

4 Agorwch glip papur fel yn y llun uchod. Gwthiwch un pen i waelod y corcyn a glynwch fagnet drws wrth y pen arall, gan ddefnyddio glud gwrth-ddŵr.

I wneud y cwch pren balsa

1 Gofynnwch i oedolyn eich helpu i dorri'r dec a'r cêl o bren balsa fel yn y llun.

2 Gwthiwch weillen bren i ganol y dec i wneud mast.

3 Gwnewch hwyliau a baneri fel y rhai a wnaethoch ar gyfer y cychod corcyn, ond eu bod yn fwy.

4 Glynwch y cwch at ei gilydd â glud gwrth-ddŵr, a'i beintio. Gwthiwch dri phin bawd i waelod y cêl.

I wneud bwi

Gwthiwch ddarn byr o wifren i gorcyn a gosodwch faner liwgar ar ei ben. Glynwch fagnet drws wrth waelod y corcyn â glud gwrth-ddŵr.

Roedd gan yr Hen Roegwyr chwedl am ynys o fynyddoedd magnetig a oedd yn tynnu'r hoelion haearn o longau wrth iddyn nhw hwylio heibio!

Magnet anferth yw'r Ddaear ei hun ac, fel unrhyw fagnet arall, mae ar ei gryfaf ym Mhegwn y Gogledd a Phegwn y De. Does neb yn hollol siŵr pam mae'r Ddaear yn fagnet, ond mae ei maes grym yn ymestyn am filoedd o filltiroedd i'r gofod. Os gosodwch unrhyw fagnet i hongian yn rhydd ar y Ddaear, mae'n troi i bwyntio tua'r gogledd bob tro.

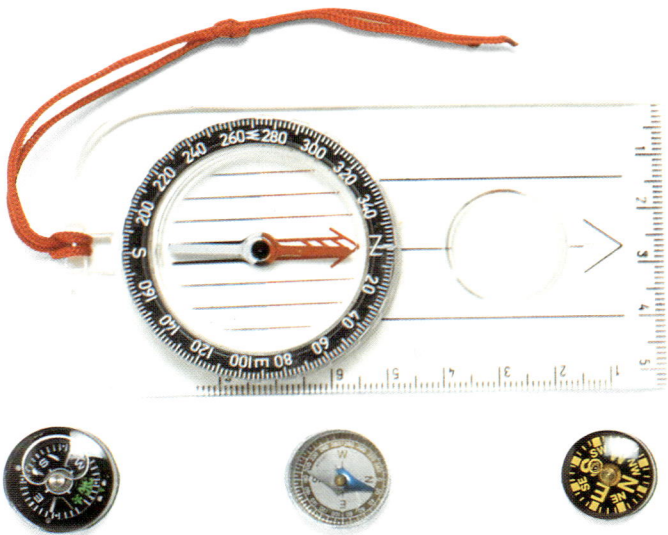

MAE'N GWEITHIO!

Gan fod pob magnet am droi i wynebu'r un ffordd â magnet y Ddaear, mae'r pen sy'n pwyntio tua'r gogledd yn cael ei alw'n begwn gogledd y magnet, a'r pen sy'n pwyntio tua'r de yn begwn y de. Gallwn ddefnyddio cwmpawd i ddod o hyd i gyfeiriad, ac mae amryw o wahanol fathau o gwmpawdau. Mae rhai yn nodi'r ongl yn fanwl fesul gradd mewn cylch gan roi darlleniad cywir iawn, ond gall hyd yn oed y cwmpawd symlaf ddangos a ydych yn mynd i'r cyfeiriad cywir ai peidio. Y cyfan y mae ei angen yw nodwydd fagnetig sy'n rhydd i droi.

I wneud cwmpawd dŵr bydd arnoch angen

hen bot iogwrt	magnet
nodwydd	tafell o gorcyn
cerdyn	onglydd

1 Torrwch gerdyn i siâp cylch â thwll yn ei ganol ychydig llai na diamedr y pot iogwrt.

2 Defnyddiwch onglydd i rannu'r cylch yn chwarteri cywir a marciwch bedwar pwynt y cwmpawd arno: gogledd, de, dwyrain a gorllewin.

3 Magneteiddiwch y nodwydd trwy rwbio un pen magnet ar ei hyd tua 20 gwaith. Rhwbiwch i'r un cyfeiriad bob tro. Glynwch y nodwydd â thâp wrth dafell denau o gorcyn.

4 Llenwch y pot iogwrt â dŵr a rhowch y corcyn i arnofio ynddo. Pan fydd y nodwydd wedi setlo tua'r gogledd, glynwch y cylch cerdyn â thâp ar ben y pot. Cymharwch eich darlleniadau â chwmpawd go iawn.

Mae pegynau magnetau'n adweithio i'w gilydd yn union fel y ddau fath o wefr drydanol. Mae pegynau gwahanol yn atynnu - a phegynau tebyg yn gwrthyrru.

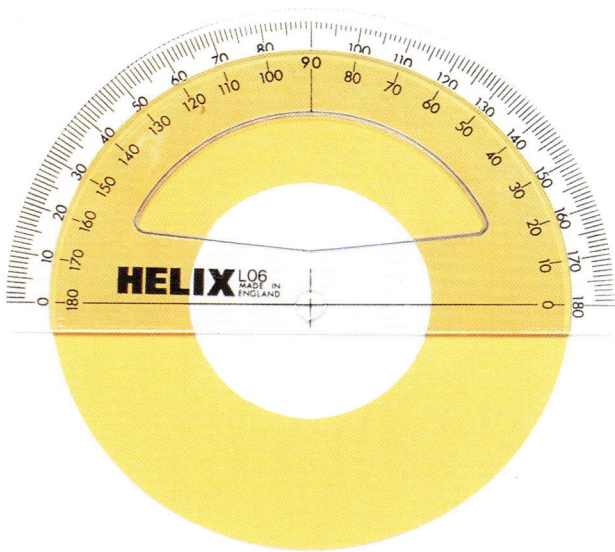

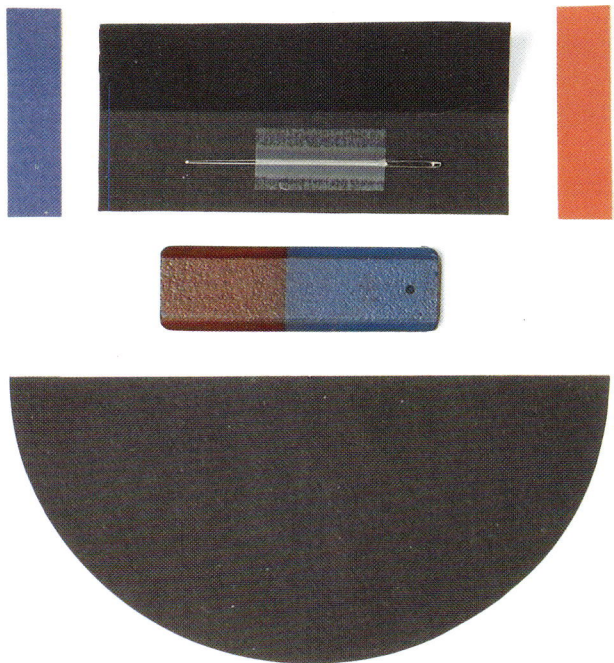

I wneud dau gwmpawd syml bydd arnoch angen

cerdyn   nodwyddau   magnet   tâp

Plygwch stribed o gerdyn a glynwch nodwydd wedi ei magneteiddio arno â thâp.

Cwmpawd pot jam

Rhowch eich stribed cwmpawd i hongian mewn pot jam gan ddefnyddio gwelltyn neu bensil ac edau. Gallwch ddefnyddio'r cwmpawd hwn yn yr awyr iach gan fod y pot yn gwarchod y nodwydd rhag y gwynt.

◀ Cwmpawd clorian

Gwnewch gôn o gerdyn siâp hanner cylch. Gwthiwch weillen bren neu ffon goctel trwy ben uchaf y côn a rhowch eich stribed cwmpawd i orffwys ar ei blaen. Model i'w ddefnyddio dan do yn unig yw hwn!

Mae'n bosibl gweld y maes grym o gwmpas magnet trwy wasgaru naddion haearn ar ddarn o bapur ac yna osod magnet wedi ei lapio mewn papur yn eu canol. Bydd y naddion yn ad-drefnu eu hunain yn ôl maes grym y magnet, gan glystyru o gwmpas y pegynau gogledd a de lle mae'r grym ar ei fwyaf.

▲ Yma gallwch weld y maes grym ar waith. Mae'r naddion haearn yn ffurfio patrwm o linellau o begwn i begwn. Llinellau grym yw'r enw ar y llinellau hyn, ac maen nhw'n dangos ble mae maes grym anweledig y magnet.

MAE'N GWEITHIO!
Defnyddiwch fagnetedd i dynnu lluniau â naddion haearn.

Bydd arnoch angen
cerdyn	haenau asetad tryloyw
bandiau rwber	naddion haearn a magnet
siswrn	tâp gludiog

Gofal! Mae naddion haearn yn beryglus. Peidiwch â'u hanadlu na'u llyncu, a pheidiwch â llyfu eich bysedd ar ôl eu trin.

1 Torrwch betryal o gerdyn a'i farcio fel yn y llun. Torrwch ar hyd y llinellau coch. Plygwch ar hyd y llinellau pensil a'u glynu i wneud bocs.

2 Torrwch ddwy haen o asetad i fod ychydig yn fwy na ffenestri'r bocs. Glynwch nhw yn eu lle â thâp.

3 Ar gardiau gwyn, tynnwch luniau pennau pobl, heb gynnwys gwallt.

4 Rhowch un o'r lluniau y tu mewn i'r bocs a gwasgarwch naddion haearn dros y cerdyn. Caewch y bocs yn dynn â'r bandiau rwber. Rhowch y bocs ar arwyneb gwastad. Nawr gallwch ddefnyddio magnet i 'dynnu llun' gwallt a blew ar yr wyneb.

Mae math newydd o drên arbrofol yn Japan yn defnyddio magnetedd. Mae'r trac a rhannau o'r trên yn fagnetig. Y tynnu a gwthio rhwng magnetau wrth iddyn nhw wrthyrru ac atynnu sy'n gweithio'r trên. Mae'n hedfan uwchben y trac am fod y trên a'r trac yn gwrthyrru ei gilydd. Does dim olwynion na chledrau i wisgo a threulio, na **ffrithiant** *i arafu'r trên.*

Gwelsom fod perthynas agos rhwng trydan a magnetedd. Yn wir, mae gan bob cerrynt trydanol ei faes magnetig ei hun. Mae'n bosibl defnyddio cerrynt trydanol i gynhyrchu grym magnetig a gwneud **electromagnetau** nerthol y gallwn eu cynnau a'u diffodd wrth droi swits.

MAE'N GWEITHIO!

Mae'r craen hwn yn defnyddio coil electro-magnetig. Dydy'r maes magnetig o gwmpas un wifren ddim yn gryf iawn, ond pan fydd cerrynt trydanol yn llifo mewn gwifren wedi ei lapio o amgylch hoelen, mae'r coil yn fagnet cryf.

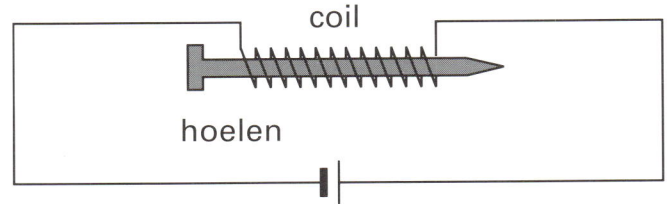

coil

hoelen

braich y craen

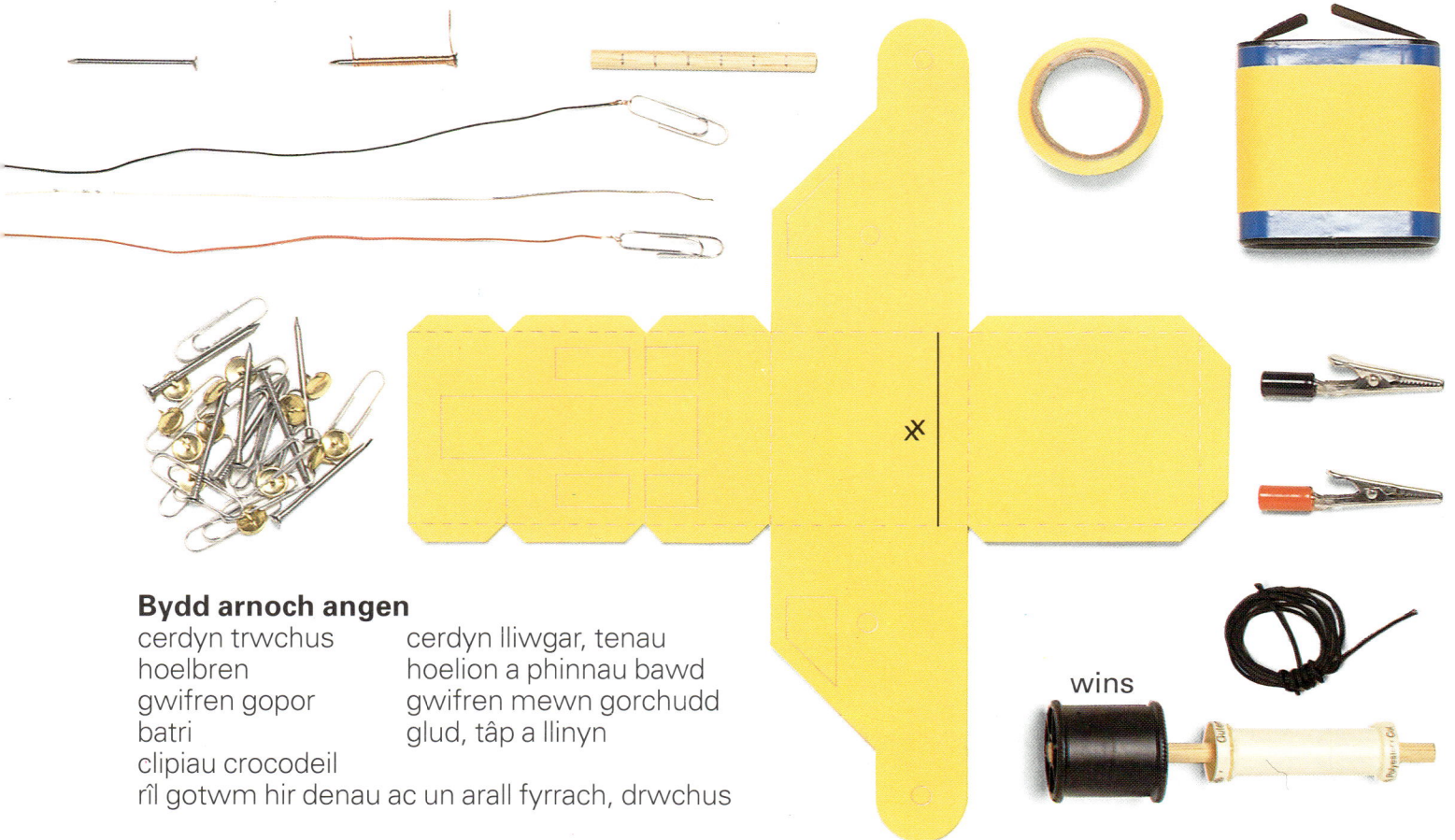

×

wins

Bydd arnoch angen

cerdyn trwchus	cerdyn lliwgar, tenau
hoelbren	hoelion a phinnau bawd
gwifren gopor	gwifren mewn gorchudd
batri	glud, tâp a llinyn
clipiau crocodeil	

rîl gotwm hir denau ac un arall fyrrach, drwchus

1 Tynnwch lun y siapiau isod ar y cardiau trwchus a thenau. Gwnewch yn siŵr fod y llinell a farciwyd 'x' yr un hyd â'r rîl gotwm hir denau.

2 Torrwch ar hyd y llinellau solid a phlygu ar hyd y rhai toredig i roi corff y craen at ei gilydd. Glynwch y cerdyn trwchus y tu mewn i ffrâm y corff i'w gryfhau.

3 Defnyddiwch y ddwy rîl gotwm, hoelbren a llinyn i wneud y wins sy'n rheoli braich y craen, fel yn y lluniau isod.

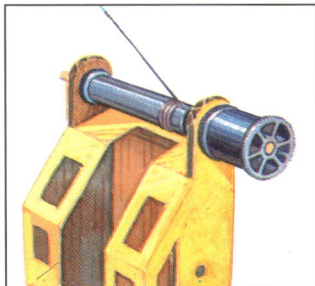

4 Lapiwch wifren gopor o gwmpas hoelen haearn i wneud electro-magnet. Yna cysylltwch hwn â'r batri trwy wifren wedi ei hynysu yn ymestyn dros fraich y craen.

5 Glynwch y batri wrth gefn y craen â thâp. Edrychwch ar y diagram cylched i weld bod eich cysylltiadau'n gywir. Pan fydd y gwifrau wedi eu cysylltu â'r batri, bydd yr hoelen yn cael ei magneteiddio, a gallwch godi llwyth o binnau bawd. Datgysylltwch, a bydd y pinnau'n disgyn i'r llawr.

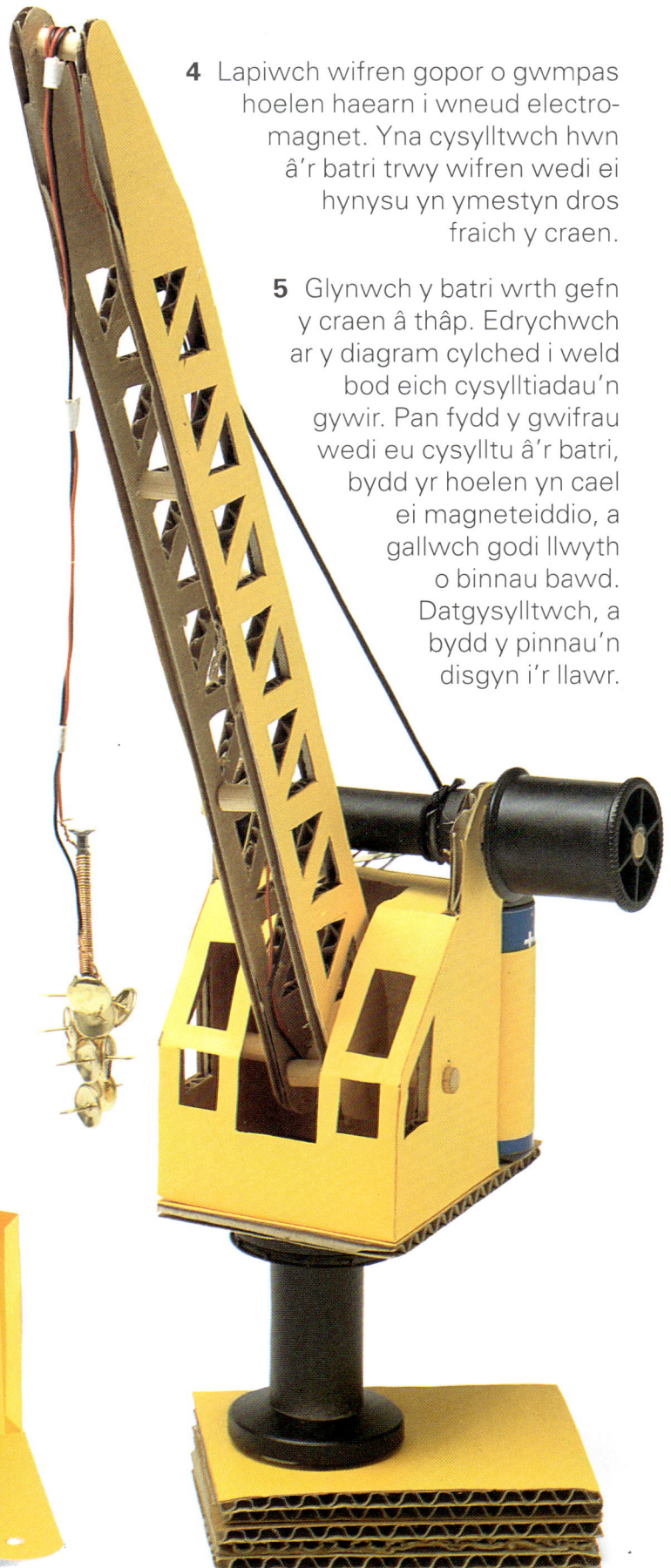

cerdyn cryfhau

cerdyn cryfhau

sylfaen y craen

corff y craen

Mae'n bosibl newid egni trydanol yn egni mecanyddol – egni sy'n gallu tynnu a gwthio a gwneud i bethau symud. Pan fydd trydan yn llifo trwy'r gwifrau y tu mewn i'r modur, mae'n eu magnet-eiddio. Bydd y coil yn electromagnet. Bydd magnetau sefydlog bob ochr i'r coil yn atynnu a gwrthyrru'r electromagnet gan wneud iddo ddechrau troelli.

MAE'N GWEITHIO!

Yn y modur trydan hwn, mae coil copor (yr electromagnet) wedi ei gysylltu â batri trwy ddyfais fach glyfar - y **cymudadur**. Mae'r cymudadur yn rhwbio yn erbyn gwifrau'r coil er mwyn i'r cerrynt trydanol fynd trwyddo, ond mae'r cysylltiadau yn ddigon llac i ganiatáu i'r coil droelli'n rhydd.

Wrth i'r coil droi, mae cysylltiadau'r cymudadur yn newid o ochr i ochr. Felly mae cyfeiriad y cerrynt trydanol yn newid o hyd. Wrth i hyn ddigwydd, mae pegynau'r electromagnet yn newid ochrau hefyd. Mae'r electromagnet yn cael ei atynnu at y magnet sefydlog pellaf bob amser, felly mae'n dal i droelli a throelli.

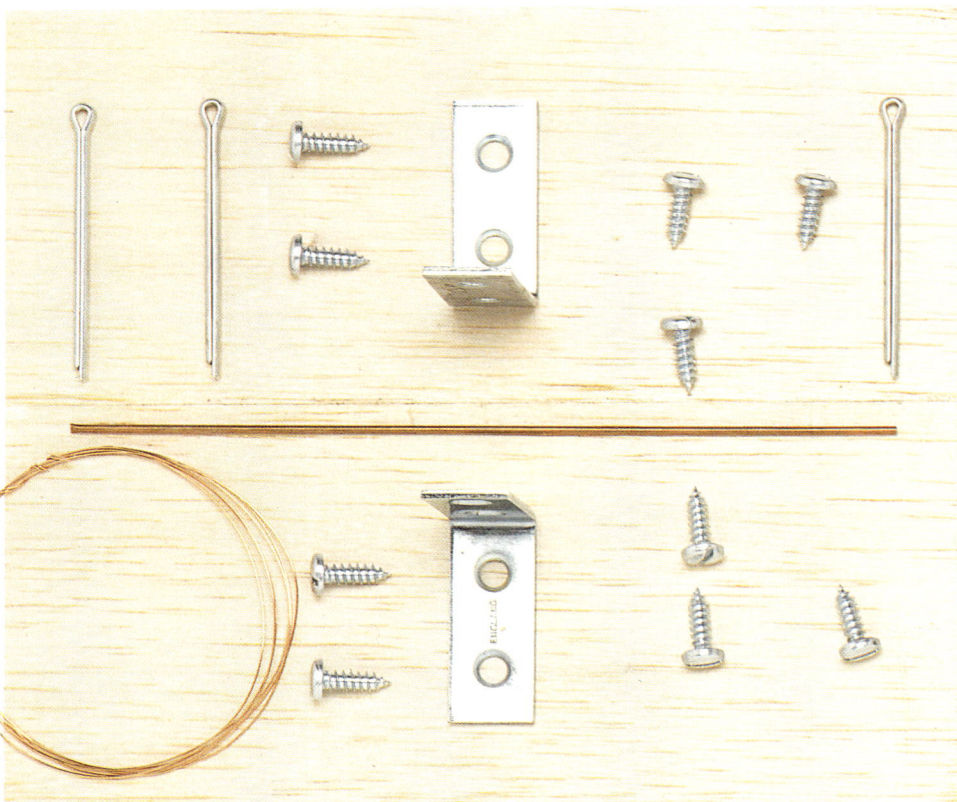

coil (electromagnet)

Bydd arnoch angen

pren ar gyfer y sylfaen	sgriwiau	gwifren gopor	dau fagnet cryf
dau fraced ongl	clipiau pin-hollt	blocyn pren balsa	tâp ynysu
tiwb copor tenau	gwerthyd metel	clipiau crocodeil/clipiau papur	batri

1 Gwnewch y gwaelod â darn o bren balsa neu bren meddal. Gallech ei beintio'n llachar.

2 Gofynnwch i oedolyn ddrilio twll trwy holl hyd blocyn bach o bren balsa. Dylai diamedr y twll fod yn ddigon mawr i'r tiwb copor ffitio ynddo.

4 Sgriwiwch y bracedi ongl ar y bwrdd gwaelod. Gosodwch y magnetau arnyn nhw mewn safle fel eu bod yn atynnu'i gilydd. Gofynnwch i oedolyn ddrilio tri thwll ar hyd llinell ganol y bwrdd er mwyn gallu gosod y pinnau hollt i sefyll ynddyn nhw.

5 Gwthiwch y gwerthyd metel trwy'r pinnau hollt a'r blocyn pren balsa fel bod y coil yn hongian ac yn troi'n hawdd.

6 Nawr gwnewch y cymudadur. Rhaid cael y gwifrau o'r batri i gyffwrdd â blaenau'r wifren o'r coil electromagnetig heb rwystro'r coil rhag troelli. Dylech dynnu rhywfaint o'r plastig oddi ar flaenau'r gwifrau a'u plygu tuag i mewn. Sylwch ar y llun ar y chwith.

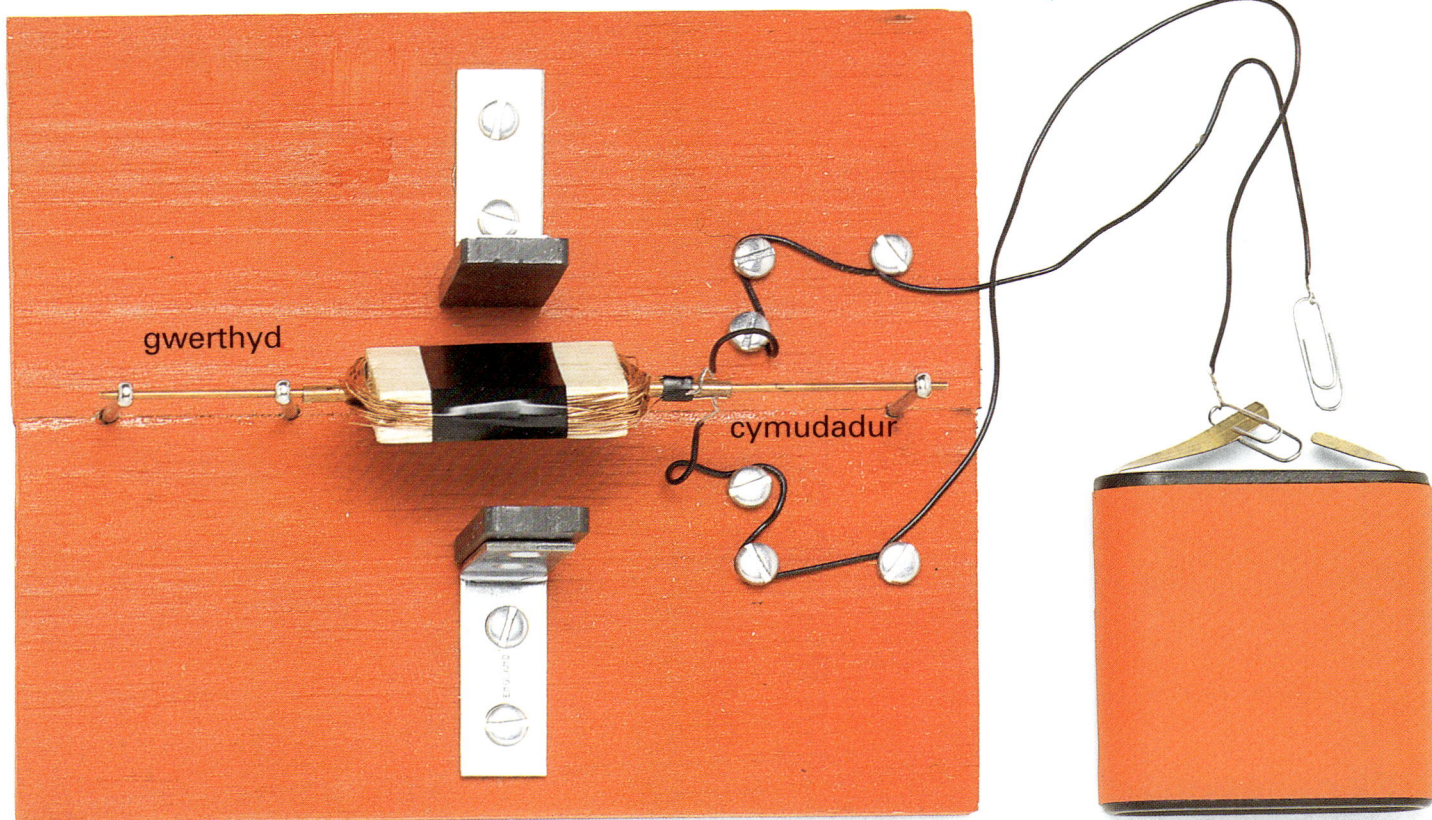

gwerthyd

cymudadur

3 Torrwch rychau ar hyd dau ymyl y blocyn pren balsa a lapiwch wifren gopor yn dynn o'i gwmpas. Ynyswch un pen y tiwb copor â thâp gludiog clir a glynwch ddau ben y wifren gopor yn eu lle â thâp ynysu, fel yn y llun.

7 Sgriwiwch y gwifrau i'w lle fel bod cysylltiad y cymudadur yn gadarn ac yn methu symud. Efallai y bydd rhaid arbrofi ychydig i gael y sgriwiau yn y lle iawn.

Mae modur trydan syml yn troi gwerthyd rownd a rownd. Un o'r ffyrdd mwyaf uniongyrchol ac effeithlon o ddefnyddio'r egni hwn yw gosod propelor ar y gwerthyd. Mae cychod yn aml yn cael eu gyrru gan bropelor fel hyn.

MAE'N GWEITHIO!

Dyma gwch propelor sy'n defnyddio egni'n effeithlon. Mae wedi ei gynllunio fel bod y propelor yn gyrru trwy'r aer yn hytrach na'r dŵr gan fod aer yn deneuach a haws ei symud.

1 Gwnewch ffrâm o bren balsa ar gyfer corff y cwch a'r dec fel yn y llun ar y dde. Gofynnwch i oedolyn ddrilio tyllau i ddal hoelbrennau'r ffrâm a glynwch nhw yn eu lle â glud gwrth-ddŵr. Sgriwiwch y modur trydan i'w le. Peintiwch y corff a'r dec â phaent sglein.

2 Glynwch y batri ar y dec uchaf â thâp a chysylltwch y gylched â'r modur.

Bydd arnoch angen

pren balsa	hoelbrennau tenau
modur trydan	gwifrau a chlipiau
sgriwiau a hoelion	tâp a glud
cerdyn tenau	propelor

I wneud bwi

Gallwch ddilyn y cyfarwyddiadau ar dudalen 31 i wneud bwiod ar gyfer eich cwch propelor.

3 Gwnewch y fframwaith ar gyfer y llyw a driliwch dyllau bas yn y top a'r gwaelod i ddal yr hoelbren gan sicrhau ei fod yn gallu troi'n rhydd o ochr i ochr. Gludiwch a hoeliwch y ffrâm yn ei lle ar y dec uchaf. Torrwch betryal o gerdyn ar gyfer y llyw a'i lynu â thâp yn ei le ar yr hoelbren fel yn y llun.

4 Glynwch y propelor wrth werthyd y modur, clipiwch y gwifrau ar y batri a gwyliwch eich cwch yn symud! Trowch y llyw i wneud iddo newid cyfeiriad.

Y ffordd anghywir!
Os yw eich cwch yn mynd yn ôl yn lle ymlaen, efallai eich bod wedi gosod llafnau'r propelor o chwith, fel bod y propelor yn tynnu yn lle gwthio. Bydd y cwch yn symud tuag yn ôl hefyd os yw'r batri wedi ei gysylltu o chwith.

Mae llong hofran yn gweithio mewn ffordd debyg i'r cwch propelor. Mae'n hofran uwchben wyneb y dŵr ar glustog o aer ac yn cael ei gwthio ymlaen gan bropelors ar ben y llong.

Moduron trydan anferth sy'n gyrru rhai o'r trenau cyflym modern. Maen nhw'n cael eu cyflenwad pŵer o wifrau uwchben y trên neu o'r trac islaw. Gan nad oes rhaid i'r trenau hyn gario tanwydd, maen nhw'n fwy effeithlon.

Bydd arnoch angen

cerdyn tenau	pren balsa
hoelbren tenau	gleiniau
modur trydan	clipiau papur
batri	tafelli o gorcyn
gwifrau copor	pinnau clustogwaith
sgriwiau, hoelion tenau a glud	
saith caead potel blastig	
tri stribed tenau o gopor	

1 Gofynnwch i oedolyn eich helpu i dorri siâp gwaelod yr injan o'r pren balsa. Wedyn glynwch a hoeliwch y ddau ddarn sydd i gynnal y to, fel yn y llun ar y chwith. Gwthiwch y pinnau clustogwaith i'r to.

2 Glynwch gaead potel plastig wrth werthyd y modur trydan i wneud olwyn. Sgriwiwch y modur i ddarn gwaelod y trên, yna anfonwch ddwy wifren o'r modur i fyny trwy'r gwaelod at y pinnau clustogwaith.

MAE'N GWEITHIO!

Mae'r model hwn yn gweithio'n union fel trên trydan go iawn. Mae'r modur ar y trên ond daw'r pŵer trwy wifrau uwch ei ben a'i gario i lawr i'r modur trwy'r pinnau clustogwaith.

3 Gofynnwch i oedolyn ddrilio dau dwll ym mhob un o'r stribedi copor a phlygwch nhw i wneud dalwyr echelau, fel yn y llun. Driliwch ddau dwll arall a sgriwiwch y dalwyr echelau yn sownd wrth y gwaelod.

4 Gwthiwch yr hoelbrennau trwy'r dalwyr echelau. Wedyn glynwch y gleiniau a'r caeadau poteli ar flaen pob echel i wneud yr olwynion.

6 Gosodwch dri stribed hir o gerdyn ochr yn ochr gan ffurfio dwy rigol i olwynion eich trên redeg ynddyn nhw. Uwchben, gosodwch beilonau pren balsa a darn o wifren rhyngddyn nhw, gan fynd trwy'r pinnau clustogwaith. Cysylltwch y gwifrau â'r batri a gwyliwch eich trên yn symud!

Cerbydau ychwanegol

Arbrofwch trwy wneud gwahanol fathau o gerbydau i'ch trên. Ni fydd angen modur na gwifrau ar y rhain, ond gallwch wneud yr olwynion a'r darn gwaelod yr un fath â'r injan. Defnyddiwch fagnetau drws bychain a byfferau corcyn i gyplysu'r cerbydau.

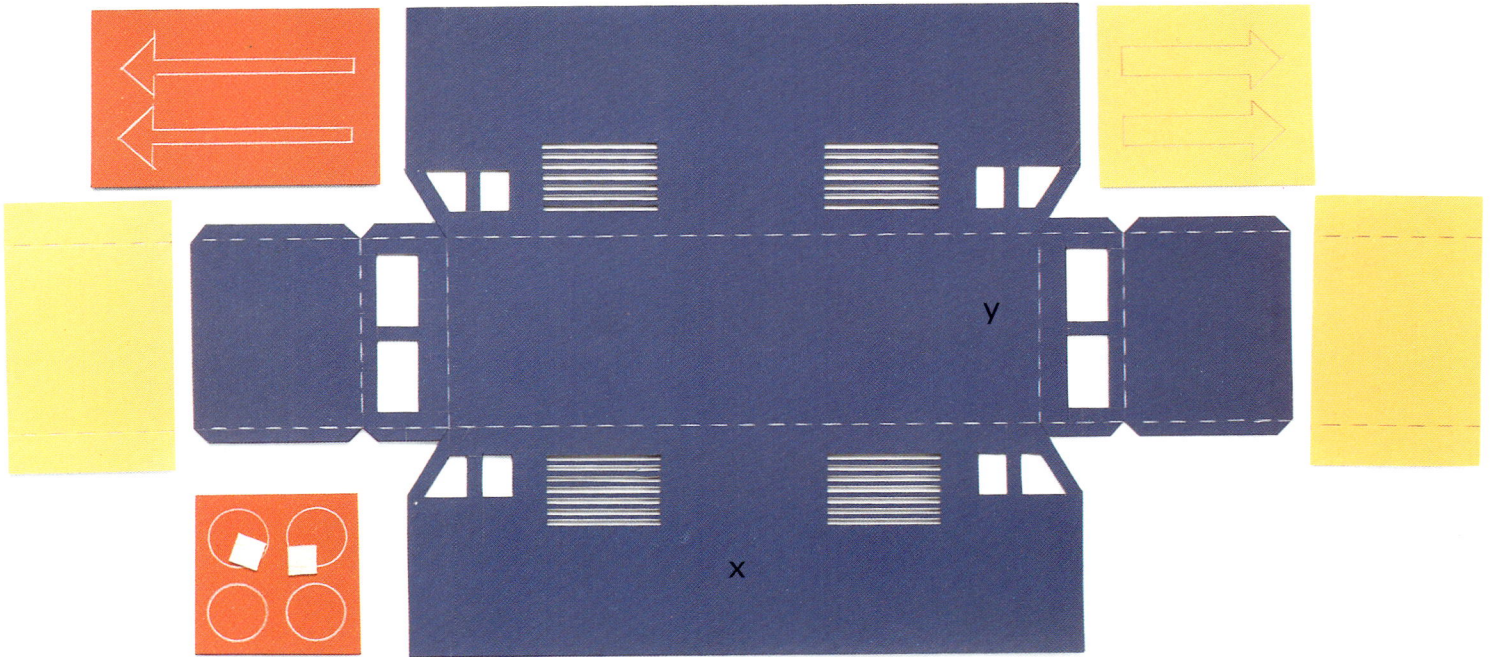

5 Marciwch gerdyn lliw fel yn y llun, gan wneud yn siŵr fod y llinell 'x' yr un hyd â gwaelod y trên a bod y llinell 'y' yr un lled. Rhowch gorff y trên at ei gilydd a'i ffitio dros y darn gwaelod.

Teithio yn ôl ac ymlaen

I wneud i'ch trên symud y ffordd arall, newidiwch y cysylltiadau ar y batri.

Mae moduron trydan yn amrywio o'r bach iawn i'r anferthol. Fe welwch foduron batri bach mewn modelau a chlociau; ond mae ar rai moduron trydan mewn ffatrïoedd angen cyflenwad pŵer mor nerthol fel bod yn rhaid iddo ddod yn syth o'r orsaf bŵer.

MAE'N GWEITHIO!

Dyma gyfle i weld beth sy'n digwydd wrth ddyblu'r cyflenwad pŵer i fodur trydan. Adeiladwch offer 'troelli a thasgu' i wneud patrymau lliwgar â phaent. Cymharwch y canlyniadau a gewch ag un batri ac â dau.

1 Glynwch y ddau garton wrth ei gilydd, gwaelod wrth waelod, i gael dau ben agored. Y carton uchaf fydd yn dal y paent a'r un isaf y modur a'r batrïau

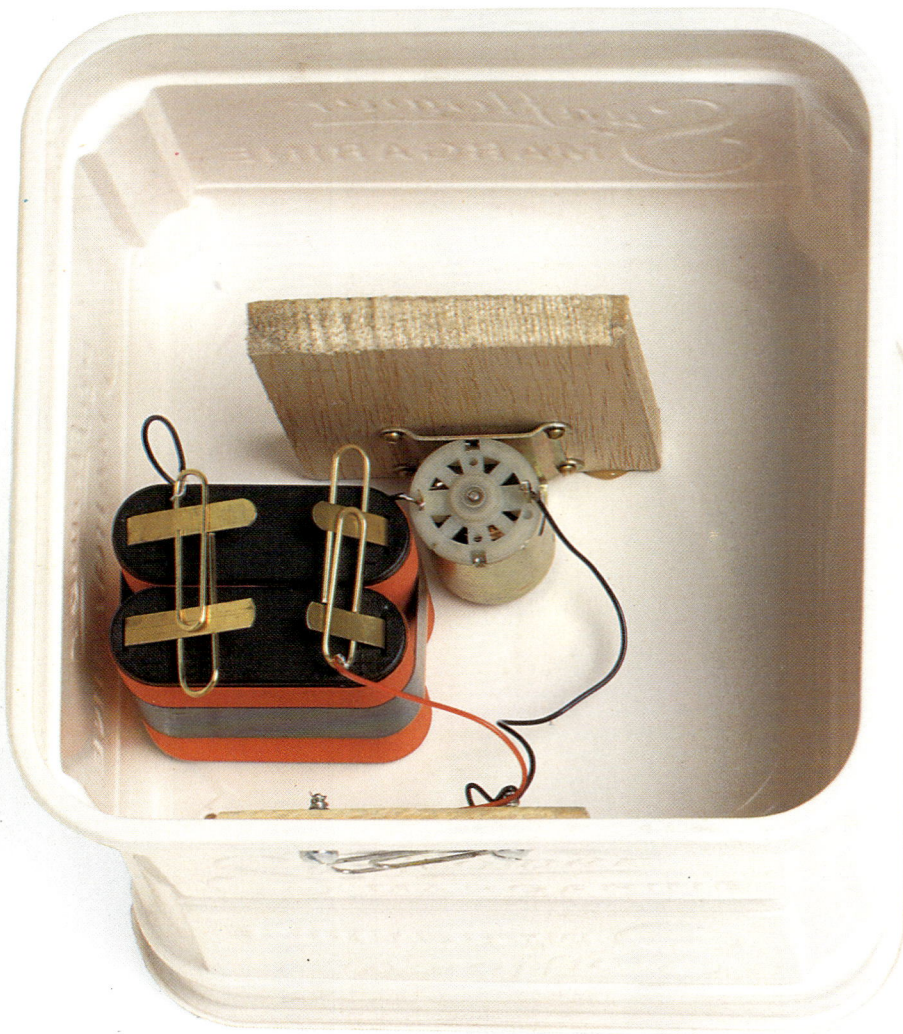

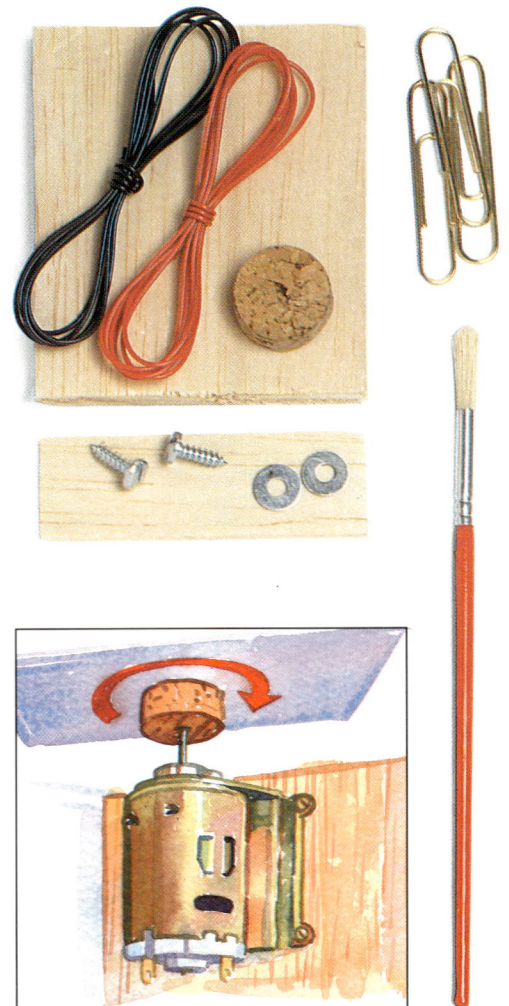

Bydd arnoch angen

dau garton margarîn gwag	modur trydan
dau fatri 4.5 folt	clipiau papur
sgriwiau a wasieri	gwifrau
tafell o gorcyn	pren
paent poster	cerdyn

2 Gwthiwch werthyd y modur trydan trwy ganol y carton gwaelod (un y modur) fel ei fod yn dod trwodd i'r carton uchaf (un y paent). Sgriwiwch y modur trydan i ddarn bach o bren, a glynwch y pren yn ei le.

3 Glynwch y batrïau yn gadarn wrth waelod carton y modur, fel yn y llun. Wedyn cysylltwch y ddwy derfynell bositif a'r ddwy negatif â chlipiau papur.

4 Gwnewch swits cynnau/diffodd fel yr un ar dudalen 20, gan ddefnyddio clip papur a dwy sgriw. Cysylltwch y batrïau a'r modur â gwifrau, gan gynnwys y swits yn y gylched. Glynwch y swits wrth du allan y carton, gan roi darn bach o bren balsa y tu cefn iddo i'w gryfhau.

5 Trowch y cartonau drosodd. Rhowch dafell o gorcyn dros y gwerthyd trydan sy'n dod trwy waelod y carton uchaf. Profwch i weld a yw'r modur yn gweithio a'r corcyn yn troelli'n wyllt ar ôl i chi gynnau'r swits.

6 Glynwch ddarn o gerdyn ar y corcyn trwy ddefnyddio ychydig bach o lud rwber.

7 Cychwynnwch y modur a gadewch i baent ddiferu ar y cerdyn wrth iddo droelli, er mwyn gwneud patrwm. Gallwch ddefnyddio brws paent hefyd os yw'n well gennych.

pŵer llawn

hanner pŵer

▲ Rhowch gynnig ar wneud peintiadau ar ôl haneru'r pŵer. Symudwch y clipiau papur i gyffwrdd â therfynellau un batri yn lle'r ddau. Sut mae'r gostyngiad yn y pŵer yn effeithio ar eich peintiadau?

Pan fydd rhywbeth yn troelli'n gyflym iawn, mae'r tu allan yn symud yn llawer cyflymach na'r tu mewn. Grym allgyrchol yw'r enw ar y grym sydd fel petai'n gwthio popeth tuag allan.

Alcali Gair i ddisgrifio nodwedd gemegol rhai sylweddau arbennig. Mewn cemeg, alcali yw'r gwrthwyneb i asid. Un math cyffredin o alcali yw magnesia, yr hylif neu bowdwr gwyn a gymerwn i wella poen stumog. Mae soda brwd yn enghraifft o alcali cryf iawn a pheryglus.

Arbrofion Bydd gwyddonwyr yn gwneud arbrofion i roi prawf ar eu damcaniaethau ynglŷn â sut mae'r byd yn gweithio.

Asid Math arbennig o gemegyn. Mae blas sur neu siarp ar fwydydd sy'n cynnwys asidau, fel lemwn. Mae asidau cryf iawn yn beryglus , a gallant losgi twll mewn pren neu liain.

Atomau Gronynnau bach iawn, dros filiwn gwaith yn llai na thrwch blewyn. Mae popeth o'n

cwmpas wedi ei wneud o atomau - maen nhw fel blociau adeiladu, ac wrth gyfuno gwahanol atomau mewn gwahanol ffyrdd y mae gwahanol sylweddau yn cael eu creu.

Cerrynt trydanol Y math o drydan a ddefnyddiwn yn ein cartrefi, swyddfeydd a ffatrïoedd. Caiff ei gynhyrchu mewn gorsafoedd pŵer a'i ddosbarthu o gwmpas y wlad trwy wifrau, peilonau a newidyddion.

Cydran Mewn electroneg, un rhan unigol o gylched gyfan. Er enghraifft, mae swits neu fatri yn gydran mewn cylched drydanol.

Cylched Llwybr siâp dolen y mae trydan yn ei ddilyn wrth lifo.

Cymudadur Math arbennig o gysylltiad trydanol, a ddefnyddir mewn modur trydan. Mae cymudadur yn gwneud i gyfeiriad y cerrynt newid yn gyson.

Damcaniaeth Syniad sy'n ceisio egluro rhywbeth. Fel arfer mae'n rhaid profi damcaniaethau gwyddonol trwy arbrofion cyn y gellir dweud eu bod yn wir.

Dargludydd Mewn electroneg, unrhyw sylwedd y mae cerrynt trydanol yn gallu mynd trwyddo.

Egni Mae angen egni i wneud unrhyw fath o waith neu symud. Mae moduron a pheiriannau, a'n cyrff ni, yn defnyddio egni. Mae'r bwyd a fwytawn, neu'r trydan sy'n gyrru modur trydan, yn ffynonellau egni.

Electrolyt Hylif sy'n gallu dargludo trydan. Mae batriau yn defnyddio electrolytau i gynhyrchu trydan.

Electromagnetau Pan fydd cerrynt trydanol yn mynd trwy fetel, e.e. darn o haearn neu gopor, mae bob amser yn creu maes magnetig. Mae electromagnetau'n arbennig o ddefnyddiol am ein bod yn gallu defnyddio'r cerrynt i gynnau a diffodd eu magnetedd.

Electronau Rhannau bach iawn o atomau. Mae pob electron yn cario gwefr drydanol.

Electrosgop Offeryn gwyddonol a ddefnyddir i fesur cryfder gwefr drydanol.

Ffilament Coil tenau o wifren, fel arfer wedi ei wneud o sylwedd o'r enw twngsten, y tu mewn i fwlb golau. Gan fod y trydan yn gorfod gweithio mor galed i wthio ei ffordd trwy'r twngsten, mae'r coil yn tywynnu ac yn rhoi goleuni.

Ffiseg Astudiaeth o egni a mater.

Ffrithiant Mae ffrithiant yn digwydd pan fydd un peth yn symud yn erbyn un arall. Mae ffrithiant yn cynhyrchu gwres (e.e. pan fyddwch yn rhwbio eich dwylo i'w cynhesu) ac yn gwneud i bethau lynu i'w gilydd (e.e. teiars yn gafael ar y ffordd).

Generadur Peiriant sy'n troi gwres neu symudiad yn gerrynt trydanol.

Graffit Y sylwedd sydd mewn pensil. Roedd pensiliau'n arfer cynnwys plwm nes i bobl ddarganfod bod graffit yn ysgrifennu'n well.

Gwrthydd Sylwedd sy'n gwrthsefyll cerrynt trydanol. Mae'r cerrynt yn gorfod gweithio'n galed iawn i fynd trwy wrthydd, felly gosodir gwrthyddion mewn cylchedau i leihau foltedd y cerrynt.

Gwyddonydd Rhywun sy'n astudio'r byd mewn ffordd drefnus, er mwyn ceisio deall sut mae'n gweithio.

Lloeren gyfathrebu Llong ofod sy'n troi o gwmpas y Ddaear ac sy'n trosglwyddo sgyrsiau ffôn, negeseuon a lluniau teledu o un rhan o'r byd i'r llall.

Llwyth Y rhan o gylched drydanol sy'n defnyddio'r pŵer trydanol. Mewn cylched oleuo, y bwlb yw'r llwyth.

Maes grym Y maes o gwmpas ffynhonnell egni (e.e. magnet) lle mae'r egni'n cael effaith.

Mater Enw ar yr holl wahanol sylweddau yn y bydysawd. Mae tair ffurf ohono: solid, hylif a nwy.

Molecwl Gronyn bach iawn o sylwedd. Mae pob molecwl wedi ei wneud o ddau neu ragor o atomau wedi eu huno.

Pŵer atomig Egni sy'n dod wrth newid canol atom. Wrth hollti atomau, caiff gwres anferth ei greu. Defnyddir y gwres hwn i ferwi dŵr, gan gynhyrchu ager i yrru tyrbinau a chynhyrchu trydan.

Sglodyn silicon Tafell fechan a thenau iawn o'r sylwedd silicon, yn dal cylched drydanol gyfan. Mae sglodion silicon yn arbennig o bwysig mewn cyfrifiaduron.

Terfynellau Y pwyntiau mewn cylched drydanol lle mae'r cerrynt yn dod i mewn neu'n mynd allan o'r gylched.

Trydan dŵr Trydan sy'n cael ei gynhyrchu gan symudiad dŵr trwy eneradur.

Trydan statig Gwefr drydanol a gynhyrchir yn naturiol wrth i ddau beth rwbio ei gilydd. Mellten yw'r enghraifft orau o drydan statig.

Ynysyddion Defnyddiau sydd ddim yn dargludo trydan. Mae plastig a rwber yn ynysyddion da.